Mi vida con Rosa en el Holograma Tierra

LAS CRÓNICAS DE AVA

Álvaro Villa André

Aliarediciones

Corrección: Inés González Calo
Diseño de cubierta: Jaime Galisteo
Maquetación: Aliar Ediciones

Depósito Legal: GR 857-2025
ISBN: 979-13-87823-37-5

Impreso en España

Edita
ALIAR Ediciones
www.aliarediciones.es
info@aliarediciones.es

Mi vida con Rosa en el Holograma Tierra

LAS CRÓNICAS DE AVA

Álvaro Villa André

Prólogo

Después de las *Crónicas de Ava* creí que nada podía sorprenderme tanto de este autor, autodidacta y reaccionario, legal hasta el tuétano sobre él mismo, su vida y sus circunstancias tras las que nunca se esconde. También pensé que con sus Crónicas le había llegado a conocer por completo, nada más lejos de esta suposición.

Con este libro, Álvaro Villa se abre en canal y te permite introducirte en su curso sanguíneo y correr libremente por su mente sin cortapisas, desnudándose con una verdad superadora y ejemplar (aunque él no lo pretenda) para cualquiera.

La fascinación al leerle te va atrapando y en tu interior escuchas la música que acompaña a sus letras. Sin buscar la métrica impuesta y sin el relleno superfluo de la ambición, Álvaro nos sorprende de nuevo con una naturalidad aplastante. En sus páginas encontramos la precisa espontaneidad de lo que significa ser humano. Inmersa en su mundo, sentí la ligereza de flotar en aguas en las que todos nos podemos mirar sin perdernos en lo insignificante. Álvaro te mira directamente a los ojos y, sin duda, te reconoces en su propio espacio.

Pero la vida sigue
que sepas que la felicidad es una dirección,
no un lugar.

Esa es, tal cual, su particular cosmología. Todas las que vas a encontrar en este libro resumen infinidad de vivencias que terminan en una positividad envidiable. La necesidad de expresarse de este autor irreverente, nos enhebra a nuestra propia necesidad de seguirle en este viaje de reflexiones. Agradezco personalmente su generosidad porque desde la primera página me ha dejado habitar en sus letras donde he encontrado mi propio paraíso.

Fátima Díaz.
Escritora.

Nota del autor

Desde que en 2017 saliera mi tercer libro *Agrandamundos*, de la serie de *Las Crónicas de Ava*, estuve ocho largos años sin publicar. Muchas cosas han pasado desde entonces. Aconteció el fallecimiento de mi madre en Alemania durante la crisis del Covid, y en abril de 2023 mi padre, tras casi tres años de padecer los efectos del Alzheimer, falleció en Vigo.

No fueron tiempos fáciles, pero durante todo este periodo siempre hubo una constante en mi vida que estuvo a mi lado. Me refiero a Rosa Ayuso Díaz, mi querida esposa y compañera de aventuras y viajes por este mundo que nos tocó vivir.

Con ella experimenté el crecimiento y el afianzamiento de lo que es una relación de pareja, de compartir proyectos comunes que aun nos han unidos más, y, cómo no, de saber respetarnos en nuestros pensamientos, sin faltar al otro, y poniendo un monumento mutuo a lo que es una convivencia amorosa y respetuosa.

Durante estos siete años puse también mucho esfuerzo y dedicación en crear un canal de YouTube dedicado al Fútbol Mundial, llamado *Clubes del Mundo*. Horas y horas de trabajo y creación con placer para crear una comunidad en YouTube que hablase sobre los equipos modestos del Fútbol Mundial, en contrapunto al aplastante monopolio informativo sobre los grandes equipos. Me sentí muy complacido al llegar a tener una comunidad estupenda con 17.000 suscriptores, aunque estos no sean tantos si los comparas con los seguidores de los *Youtubers* de éxito. Pero para mí significaba una satisfacción personal sobre un tema que siempre me interesó, desde que era muy chico.

En todo este tiempo no dejé de escribir, pero no con tanta frecuencia como lo hacía antes. Sin duda, este cuarto libro que edito es el que más me costó sacar adelante. Pero también es al que más cariño le he puesto. A principios de 2024 decidí que ya era hora de sacar adelante este nuevo proyecto.

El título del libro, *Mi vida con Rosa en el Holograma Tierra*, lo tuve bastante claro desde el inicio de este proyecto. Con algo en lo que coincido mucho con Rosa, es que vivimos en un mundo actual y una sociedad en la que no siempre lo que parece verdad lo es. Un mundo donde los medios y los diferentes entes públicos y sociales a menudo cuentan una verdad a medias, o tergiversan datos. Un mundo donde la inteligencia artificial ha entrado con mucha fuerza e impacto, similar a la revolución industrial del siglo XIX o la llegada de la era de internet hace decenios.

Muchas veces te planteas qué es verdad, qué no, qué es contado a medias para ocultar el trasfondo. Y, ante tal tesitura, nos queda la opción de no dejarnos desequilibrar ni por unos ni por otros. Aprender a actuar en tu vida con sentido común y equilibrio, y encontrar tu camino sin generar odio, actuar con amor, y tener la capacidad de ser un humano afianzado en lo que te queda de vida en este planeta llamado Tierra.

En este libro expreso lo que he sentido y percibido en diferentes aspectos de la vida en una sociedad expuesta a muchos cambios.

Yo y Rosa, Rosa y yo, una pareja que tiene que lidiar y vivir en un tiempo de cambios rápidos. Por lo tanto, este libro también es en parte un proyecto común que he tenido con Rosa, que siempre me ha motivado a seguir adelante. Pues queda dicho:

Mi vida con Rosa en el Holograma Tierra.

P.D.: Como novedad, contaros que podéis escuchar las canciones que he creado sobre algunos poemas que aparecen en este libro, en la *playlist Canciones Poemas de Las Crónicas de Ava (Alvaro Villa)* del canal de YouTube de *Las Crónicas de Ava*. Disfrutadlas.

Factor amor

Amor para todos, amor para ti,
amor para el vecino que sale triste cada mañana del portal,
amor para perdonar y recuperar un poco el afecto perdido.

Amor para doblar los panfletos de propaganda
en barcos que puedan desplazarse por un mar de nubes
y llegar a hacer de ti un brillo constante.

Amor para esa fuerza creativa que te sorprende sin avisar
y te hace escribir versos como los mejores poetas argentinos del polo sur,
hasta Ushuaia.

Amor para que cuando hagas la cama pienses con el corazón
y sientas con tu mente.
Amor para plantearte fundar una nueva civilización
con cada pisada de mundo consumido.

Amor para llevar el amor de tus padres a tus hijos,
a los que tuviste y a los que quisiste y no tuviste,
amor para autoabrazarte y sentirte la persona más cariñosa del mundo.

Amor para saber que se puede amar más de una vez,
amor para que el dolor no se haga dueño de tu vida...
comparte, vive, sueña, besa, pinta, baila.
Eres Amor.

La volatilidad temporal de las amistades

Con los años y la experiencia aprendes
que muchas cosas en la vida tienen su fecha de inicio,
y un tiempo de conclusión.

Las amistades no están exentas de ella.
Algunas duran, ciertamente, toda la vida.
Otras, tuvieron un significado e importancia especial para ti.

En ocasiones no encuentras explicación de por qué algunas amistades
simplemente se diluyen en el tiempo.

Y no lo dices con ánimo de rencor, solo intentas averiguar,
saber, entender.

Miras el río del tiempo y comprendes que a veces las personas
simplemente tomamos caminos diferentes,
y lo llegas a aceptar, porque tú también estás en ese trámite.

Piensas en los buenos tiempos que has pasado con esas amistades,
lo agradeces en tu corazón,
y aunque ahora no estén en tu línea de tiempo y actuación,
tal vez en un futuro indeterminado,
los caminos se vuelvan a cruzar.

Debes aceptar que cada persona tiene su trayectoria.
Quedan los recuerdos
de esos buenos momentos que tuviste.

Palabras sencillas y fáciles,
para entender que lo bueno vivido

y apreciado
está por encima del resentimiento.
Es el núcleo de un corazón despejado.

Escribes para no abandonarte

Sí, es cierto.
Piénsalo un poco.

Escribes para sentirte vivo y no recoger la toalla del abandono.

Imaginas cosas y las tecleas con palabras fluidas,
que te entran como una de esas películas a lo Chaplin de la década de 1920.

Sueñas despierto,
o mejor dicho,
tienes visiones de un futuro posible y tu piel se te pone de punta
al sentir esa brisa llena de esperanza
y ese aroma tan particular de estar vivo y respirando.

Pintas con palabras acuarela lo que te dejaron los años
manchados con recuerdos de lo bueno y de lo malo.

Esto es escribir lo que te sale en gana,
lo que te pide el corazón,
o lo que te provoca levantar el puño por las injusticias que has vivido,
sin permitir nunca que el odio se enraíce en tu ser,
y te haga perder lo que eres.

No rindes culto a nadie,
ni a ideologías desfasadas, ni a correcciones melosamente sugeridas
por caras artificiales sonrientes,
que proyectan hipnosis colectiva
a través de las pantallas.

Bien podrías ser un embajador de las estrellas,
y aun así sentir,
que esta humanidad todavía no está perdida
y puede ser recuperada.

Cierto es,
que escribes para no abandonarte y
evitar convertirte en estatua de sal insensible.
No olvides esto,
tus manos van unidas a lo que tus sentimientos y mente proyectan.

Tus pies van unidos a no querer nunca
dejar de ver,
a lo que hay detrás del horizonte,
donde crecen los árboles de los mundos sucesivos y posibles.

Cosas del sexo, de la vida y de besos incendiarios

Ya te digo,
hay que estar con las hormonas a tope y a punto de reventar
para liarse en pleno «calorazo» de agosto.
Pero así somos los humanos,
no le busques lógica,
no pienses en los miembros desinflados
después de darte un banquete corporal.

Los besos son incendiarios,
es primero una lengua, luego otra,
y el querer más y más con manos recorriendo las delicias capitales
del cuerpo.

Un ventilador a la derecha, otro a la izquierda,
y ya puede derretirse el sol en la calle,
esto no hay dios artificial o imaginario que lo pare,
y lo sabes muy bien.

Se mezclan y conjuntan centilitros de sudor
y los cuerpos
resbalan de fábula,
como una maquinaria industrial engrasada
que fabrica preservativos a millones.

Todos los utensilios nos son útiles,
vibradores, fetiches, sonidos la mar de sugerentes,
y que te hacen correr la maratón hasta el final.

Sexo entre persianas bajadas y sábanas empapadas,
besos con picardía para llevarnos más allá,
donde ninguno de nosotros ha estado antes jamás.

Y os preguntáis: ¿qué pasó con el final?
Eso, amigos míos y amigas mías no os lo voy a desvelar.
Para eso ya tenéis vuestra imaginación y propia experiencia.
¿Verdad?

Los mundos de Adriana

¡Dime, Adriana!

¿Dónde está aparcada en tu jardín la nave dimensional
que te trajo hasta aquí?
Me enseñas los cielos y yo también, hace tiempo,
me hago preguntas sobre lo que nos rodea.
Me hablas de ondas dañinas y otras
que atraviesan el espacio etéreo.
Y aunque algunas cosas parecen no afectarme,
sí comprendo que a otras personas les puede afectar.

Generar empatía, escuchar,
ver visiones en las palabras que me estás contando.

¿Recuerdas cómo hace tiempo estabas sepultada
bajo toneladas aparentes de medicamentos y atontamientos?
Con el tiempo conseguiste liberarte cada vez más de ellos,
la naturaleza entró en tu caminar.

Al principio, a tus ojos los veía apagados, como mudos,
pero aún tenías esa sonrisa innata que es imposible de narcotizar.

Tus ojos revivieron, la luz se hizo más intensa,
y culminaste en ese abrazo fulminante que me diste
para susurrarme que te habías liberado.
Nunca te vi payasa,
aunque te impusieran una nariz roja de plástico
para parecer graciosa en un círculo de apariencias fingidas.
Cuando te hablan de cosas que no se pueden ver,
no significa que no existan.

La ciencia no puede explicarlo todo.
La ciencia de hoy no está al mismo nivel
que la que habrá dentro de mil años.
Contigo aprendí a no prejuzgar,
a escuchar, a imaginar, a reflexionar.
Y si no lo entendía,
lo archivaba de momento en un cajón interior
para posteriores ocasiones.
Desde el futuro inmediato,
desde el presente continuo,
no dejes de hablarme de vez en cuando de tus mundos,
los mundos de Adriana.

Nadando de espaldas visualizaba tu vida

Esta mañana, cuando hacía mis ejercicios en la piscina,
me puse a pensar en ti.
Mientras nadaba de espalda de un lado a otro,
observaba las baldosas del techo,
y no me costó imaginación
convertir a cada una de ellas en etapas de tu vida.

En una de esas baldosas visualizaba el momento
en el que tu padre adoptivo te dejaba en aquel lugar,
para ser educada por monjas,
y no recuerdo el nombre que le daban a ese sitio,
pero recuerdo la enorme soledad y decepción
por dejarte sola allí.

Recuerdo también ese momento que entraste por primera vez
en el cuarto que te asignaron para dormir,
y yo me imaginaba ser ese osito de peluche descosido,
para hacerte sentir al menos un poco querida
en ese ambiente desolado de hogar y familia.
¿Y recuerdas esa monja diferente a las demás?
La que te traía tu postre preferido tras una reprimenda injusta
de las hermanas superiores, o te daba galletas de chocolate a escondidas.
Estuve en el corazón de esa monja amorosa que sentía cariño por ti,
y que se avergonzaba de sus correligionarias,
por el trato rudo e injusto que a menudo tuvieron contigo.

Pasaron los años, y aprendiste a defenderte,
a creer realmente que vivías en un episodio temporal,
y que nada es permanente y lo mejor de tu vida estaba por llegar.

Mientras seguía dando brazadas en la piscina
para decir «No» al abandono personal,
yo también visualizaba ser ese cliente silencioso
que visitaba con frecuencia
el bar donde trabajabas.
Nunca sintió el valor de entablar una conversación contigo,
su timidez le hacía verte inalcanzable.

También vi el momento de tu primer amor, de tus primeras locuras,
y me convertí en la Vespa con la que tú y tu amante os escapabais
tras cometer locuras de amor desenfrenado.

Y sí. ¿Recuerdas cuando vino tu hija a este mundo?
Yo fui esa mano de la enfermera que te cogía la mano
y te decía que tu hija iba a ser lo más bonito
que ibas a traer a este mundo.

Y por no abusar de las memorias,
también recuerdo el momento en que nos conocimos en Bilbao,
y tú me abriste las puertas de tu casa,
y me llenó de felicidad y amor la forma de franqueza
que tuvimos al hablar sobre nuestras vidas.

No éramos de juzgar, ni mucho menos.
Te sentí auténtica en tu expresar,
y me dabas la misma confianza.

Sí, así fue esta mañana, en la piscina.
Te recordaba, te pensaba, y quise retener el nacimiento de esa idea
hasta llegar a casa, para escribirte este poema, o lo que diablos sea.

Sí, Fátima. Aun viviendo en contrapuntos opuestos de la península, no reduce en absoluto el cariño y la amistad que te tengo.

Luchamos contra el olvido,
el viento no tiene nada que reclamarnos,
y aún en la gravedad de las lágrimas,
jamás nos ahogaremos.

Fortaleza. Aguante. Tesón. Inteligencia. Memoria. Amor.

La fusión de oro en las dunas del desierto

A mi lado estaba mi amante,
totalmente embriagado del trance corporal
y espiritual,
en el cual nos habíamos entregado con verdad y amor.

Mi sangre estaba caliente y de las dunas percibía una llamada.
Sentí un impulso por querer abrazar la tierra.
En pleno mes de agosto en el desierto de Marruecos,
salía de la tienda que me protegía con sus sombras e inciensos.
¡Ven, Oro; ven, Oro!
Las dunas insistían en pronunciar mi nombre,
una y otra vez.

No me importaban los casi cincuenta grados
que hacía en el exterior.
Me deshice de mis vestimentas ligeras
y me tumbé desnuda sobra la arena
y empecé a echarme sobre mi cuerpo.
Sentí el tacto de las partículas doradas de la arena milenaria.
Su suavidad.
Vi un matorral que me acompañaba.

Del amor con mi amante,
pasé a fusionarme con las caricias
que producía la arena sobre mi cuerpo.

Calor, fusión, entrega, el sol apelando a mi espíritu,
y el desierto mostrándome, en una visión,
una historia que sentía muy cercana.

Mis manos posaban sobre mis pechos.
El desierto me adoptaba como hija desnuda,
entregada a un paraje sincero y solitario.

Al cerrar los ojos, viajé millones de años atrás,
cuando este desierto estaba cubierto por bosques tropicales
y lagos con criaturas de antaño.

El tiempo en la arena era como un círculo,
era como un ir y venir al tiempo que tú deseabas.

Después me levanté,
sentí algún mareo, mis piernas las sentía flojas,
pero llegué a la tienda.

Allí me esperaba él,
mi amante,
con mi sangre caliente.

Él me echó agua fría para cubrirme todo el cuerpo,
y hacerme sentir querida.

Estaba feliz al ser amada por dos entes,
allí en las dunas del desierto.

Un trozo de Bolivia

Cuando estoy con vosotros,
siento la Bolivia tolerante, abierta
y universal en diversos puntos reconfortantes
que se pierden en el horizonte.

Sois mis amigos, Ángela y Sergio,
sois miles de historias que contáis de vuestro Oruro querido.
E inicio la inmersión como observador participativo cuando
empezáis a contar vuestras vivencias.
Percibo los sentimientos que emitís cuando me proyectáis
sentimientos de vuestra querida Bolivia.

Yo estuve una vez allí, caminando por sus calles,
empapándome de la cordialidad de vuestro pueblo.
Bolivia es altitud, altiplano, selva, llanuras.
Bolivia es una variedad de lugares y sabores,
que si hiciéramos una escalera con todas ellas,
llegaría más allá de la luna.
Cuando estoy con vosotros,
no solo sois bolivianos, os hacéis caminantes de un mundo abierto.
Cierro los ojos y os siento como «trans-sueño-nautas»
colocando una bandera de nuestra amistad
en la montaña más alta de Marte.

Hoy estáis aquí, y si mañana regresáis a vuestra Tierra,
tened por seguro que en mi casa tenéis un cuarto
para volver a afianzaros
si decidís regresar a Granada.
Sois de esas amistades que están,
independientemente del tiempo que pasa.

Soy feliz cuando os llevo como taxista agradecido
a vuestros puntos de destino.

Y poco más que añadir queridos amigos. El viaje continúa.
Nos volveremos a ver en esta esfera giratoria llamada Tierra.

Con sentirlo no es suficiente

Tú y yo.
Ese tiempo que llevamos juntos me ha aportado el amor real,
el cariño permanente,
el apoyo aún en tiempos emergentes.

Decir que a lo largo de los años no he cambiado,
sería faltar a la verdad.
Todos estos años que hicimos juntos,
en mis adentros bien guardados se han quedado.

Valoro tanto esas pequeñas cosas que haces cada día,
para mantener el hogar en funciones y armonía.

Veo el cariño que metes en preparar cada comida,
veo la gran persona que eres cuando día tras día
no te das por vencida conmigo,
y eres capaz de convivir con mis imperfecciones.

Sé que a veces soy despistado, o hasta un poco dejado,
si no cierro bien un envase, o mi escritorio parece un poco caótico.

Aun así, yo preferí ir a tu encuentro
con pequeños gestos que se acumulan
para hacer más fluida y agradable la convivencia.

Me encargo de los platos, del lavavajillas, de hacer la cama al mediodía
bien estirada y con el dobladillo que tanto te gusta.

Y cuando vas a tu sesión de pilates,
que son hora y cuarto de espera en una terraza de una cafetería,

luego puedo verte llegar pletórica y feliz
con el esfuerzo que has hecho.

Me siento útil por no dejar todas las cargas sobre ti,
y hacerte sentir que tienes un compañero comprometido a tu lado.
Y sí,
sé que con sentir y decirte que te quiero no es suficiente.
Por eso hace tiempo, prácticamente desde el día
que nos fuimos a vivir juntos,
pongo de mi parte para que esto salga bien.

Esos gestos de cariño y colaboración son como pegamento
para hacer funcionar una relación.

Conozco también tus imperfecciones,
pero no sería justo hacer de ellas un elefante,
no sería justo echarte en cara tus pequeños puntos oscuros,
cuando hay tanto bien en ti.

Ya te dije: me gustaría acompañarte
hasta tu desenlace en esta vida,
o que tú estés presente si mi adelanto a ti.

La sala de los no nacidos

Mucho, mucho antes de mi presencia en este plano que llaman Tierra,
yo ya existía en un mundo situado en el centro
de esta acumulación de estrellas
conocida como Vía Láctea.
Hace más de trescientos años terrestres,
mi consciencia fue creada en las corrientes de los ríos de nubes
de Yulua, mi planeta de origen.

En Yulua no teníamos cuerpo físico, y todos coexistíamos como energía
en un ambiente que para los humanos sería irrespirable.
Pronto supe que mi misión era ir a la Tierra,
a la «Sala de los No Nacidos».

En esa sala, situada en una órbita indetectable,
se me dio el libre albedrío para poder
elegir una pareja humana,
para que mi consciencia fuera traspasada
en el instante de la fecundación.

Elegí entrar en el momento en que mis padres terrestres
se dieron a la pasión de besarse y quererse
en una playa en el hemisferio norte.

Se dio la ocasión, y nueve meses después mi madre terrestre
me abrió la puerta
y, a pesar de algunas complicaciones,
vi la luz.

Mis primeras respiraciones de aire,
mis primeras sensaciones de estar en un cuerpo
bajo una diferente gravedad planetaria.

Cincuenta y seis años después recuerdo ese momento,
dejando un legado a este mundo
en mis crónicas.
En ellas reflejo la vida, los sentimientos
y las interacciones que he tenido
con otros seres sintientes.
También mis visiones, preocupaciones
y esperanzas.

Y así será hasta mi próxima partida y regreso a Yulua.
Adquirir, aprender, asimilar y crecer.

Estaré preparado para elegir de nuevo en la «Sala de los No Nacidos».

Posicionamiento de la realidad

He llegado a un punto, en el cual he encontrado mi estabilidad.
Recuerdo el camino que he recorrido
hasta llegar a mi espacio cero personal.
Este espacio cero es el equilibrio en el cual
he conseguido conciliar mis emociones
con mi programa de vida.

Sé lo que quiero ahora mismo,
pero tampoco temo cambiar unos grados mi rumbo
si lo considero necesario para redirigir mi nave a una vida plena.
Hace tiempo supe que no hay perfección.
Existe un disfrute y un aprendizaje
al seguir la cuerda prevista con nudos intermedios.
La realidad, la que yo percibo,
no la que otros me quieren imponer, sugerir,
o inyectar suavemente con palabras melosas
para agujerear mi firmeza.
Hoy por hoy sé a dónde quiero ir,
sé lo que necesito,
y aprendí a decir «No» a lo que no me conviene.

Dejé de compararme con los demás,
los ídolos se quedaron atrás pegados en los *posters* de las paredes
de una adolescencia pasada.
Tampoco siento necesidad de ser un ejemplo para los demás.

Tengo a mis seres queridos, a mis amigos,
y no cierro las puertas a conocer nuevas
personas interesantes que puedan enriquecer con experiencias mi vida.

Mi vida se ha posicionado,
en un mundo que a menudo no es lo que parece.

Procuro no entrar en las discordias provocadas
para generar división entre el género humano.
Procuro no entrar en dardos envenenados
para avivar la creación de los discursos
de «allí los buenos» y «allí los malos».

Continuamente estoy en el proceso de afinar mi capacidad
de escanear la esencia del ser humano.
Aprender a escuchar mejor, aprender a contestar mejor.
Convertirme en un hablante-escucha.

El tiempo que dure mi existencia en este Holograma Tierra,
tengo la oportunidad de desarrollar mi consciencia y averiguar
las mejores cualidades y capacidades
que pueda ofrecer en este sistema de cosas.

Y no quiero extenderme más.
Solo pretendía en unas cuantas líneas
dar una pincelada de lo que he podido percibir al hablar sobre
mi posicionamiento de la realidad.

La infantilización de la sociedad

Se suponía que tu vida era tuya.
Pero para eso tenías que ser responsable
y asumir las consecuencias de tus decisiones.

Quitar el miedo al fracaso,
y experimentar lo que es hallar, con el tiempo,
el camino de las cosas que se te dan mejor.

No te conviertas en un conejo angustioso
que solo espera a que Papá Estado tome
el control absoluto de tus decisiones.

Mejor no pensar, ¿verdad?
Mejor es no preocuparse,
para no tener el insoportable peso de tomar la iniciativa.

Esperas como un ser viviente en disminución,
a que unos legisladores del Congreso,
que ni en su puta vida se han manchado las manos,
ni han pisado calles,
te transmitan las próximas instrucciones.
Si confías en ellos, estás listo.

Es casi imperceptible,
pero con precisión te gotean
dependencias en tu consciencia,
y tu vida se atonta, se atrofia,
va camino a la insignificancia.

Ya ni protestas, ya ni te rebelas,
no vaya ser que te estampen la «etiqueta».

Hubo un tiempo, en que esas etiquetas
te las ponías como medallas,
y no te importaba decir lo que pensabas.
Hoy veo ríos de personas repitiendo consignas como zombis.
Llevan baberos invisibles, donde se humedece
su muerte silenciosa.

Querías mejorar la vida de la gente y te perdiste

Te conozco de casi toda la vida, y te consideraba mi amigo.
Hace cinco años, te metiste de lleno en la política.
Yo te desee suerte y te animé a que si eso era lo que querías,
pues adelante, que defendieras los principios en los que creías,
sin perder tu humanidad y equilibrio.

Fueron pasando los años y tú ibas subiendo dentro del partido,
asumiendo cada vez más responsabilidades.

Cuando te escuchaba hablar en algún mitin
te sentía muy diferente.
Observaba ese odio que transmitías al referirte
a tus adversarios ideológicos.
¿Dónde estaba el respeto al disidente
del que me solías hablar a menudo?
En ocasiones te veía votar por cosas
en las que antes no creías.
Luego supe que estabas obligado a votar por los mismos postulados
que el presidente del partido había dictado.
¿Dónde estaba tu libertad de conciencia y el libre albedrío?
¿Te habías convertido en esclavo de una maquinaria partidista
que exige obediencia completa al líder supremo?

Tu yo,
al servicio del colectivo.
Tu yo,
diluido.
Tu yo, desaparece,
para dar paso a los ensayos de cómo sonreír
para ocultar una mentira.

Tu yo,
cambiado, pero tu voz antinatural te delata.

Cambiaste tu afán por querer aportar soluciones para la gente,
por más charlas y charlas sin sentido.

No respondías a las preguntas de los periodistas,
y se te daba muy bien torear con evasivas o con un «sin comentario».

Te empezaste a rodear solo de aquellos
que te hacían preguntas para masajear tu ego.
Salías a la calle en las manifestaciones televisadas
para celebrar los acosos del pueblo contra tus adversarios.
Pero cuando el pueblo se volvía contra ti,
no hablabas con la misma moneda,
y proliferabas insultos a lo que considerabas
una chusma inmunda acosadora.

En el fondo sentía tristeza por ti.
Quizás estarías harto y cansado de todo el circo
en el cual te habías metido
y no veías forma de salir de allí.

Quizás anhelarías poder regresar a esas cervezas
que nos tomábamos los domingos
en el campo de Fútbol de nuestro equipo
de media vida en Tercera División.

Desde luego, si vienes, te invitaré a una ronda.

Ancianidad

¿Quién no piensa en qué condiciones llegará la ancianidad?

Debo reconocer que me impactó la pérdida de memoria de mi padre.
Pero con el tiempo aprendí a tratar con ella.
Aprendí la importancia de hablarle, de tocarle,
de observar sus ojos, que parecían agujerar los míos.
Y cada abrazo era como una carga de energía de querer mucho a mi padre.
Era como una despedida alargada a través de los años.

Mi querida amiga Yolanda también supo de ello.
Observaba el cariño con el que trataba a su madre,
y cuando iba a visitarla me decía: «Mira qué chico más guapo».

En la residencia, Pablo se levanta cada día a las tres de la madrugada.
A sus noventa años, confunde a la cuidadora con su hija.
Cuando le pide a la cuidadora que le ponga un gorro en la cabeza
para poder acostarse de nuevo, acaba diciéndole «Gracias, Mami».

Los últimos años de la vida son el regreso a la niñez al revés.
Los últimos años son la oportunidad para el resto de la familia
para acompañarles el resto del camino con mucho amor.
Los últimos momentos de su vida son el momento preciso
para agarrarles la mano
y cantarles esa canción que siempre quisieron.

Los últimos momentos son nuestra oportunidad
para agradecer a ellos la vida que nos dieron,
la lucha que tuvieron por prepararnos
para que tuviéramos las oportunidades que algunos aprovecharon.

Y el silencio llega,
se inicia la partida de lo que fueron,
su energía se va,
y queda la carcasa que habitaron durante toda su vida.

Cada uno se despide a su manera.
Con besos en la frente o con llantos apoyados
en otros familiares cercanos.
Otros simplemente se van, no tienen fuerzas para estar allí,
o la indiferencia o el rencor acumulado durante años
es tan grande que ya no pueden sentir nada.

Y la próxima generación en irse seremos nosotros.

Y así sigue desde que la Tierra es Tierra,
desde que el cielo es cielo y nos transmite un sentimiento de consuelo.

Los días se suceden,
nos quedan nuestros hijos e hijas,
nuestros esposos y esposas,
nuestros amigos y amigas,
y todo lo que apreciamos.

No seamos ahorrativos en muestras de cariño,
rellenemos con abrazos y felicidad los libros de sus vidas,
con apoyo y amistad,
para que en el día señalado se puedan llevar de nosotros
lo mejor que pudimos darles.

Nuestro tiempo y amor,
nuestra amistad y apoyo,
nuestra comprensión y paciencia.

Vida plena, gracias.

Carta a mi padre

Hola, Papá.

Hace más de un año que te fuiste y sigo recordándote. No me es fácil escribir esta carta, pero quiero dirigirte algunas palabras y emociones que sentí cuando te fuiste.

Llegué a tiempo con Rosa desde Granada para acompañarte a ti y Julia la última noche en el Hospital. Yo estaba satisfecho por haber llegado a tiempo.

Tú estabas sedado, con los ojos cerrados y respirando con dificultad. Te agarraba la mano y te ponía mi otra mano en tu cabeza y empecé a hablar contigo. Quería que no te preocuparas, yo estaba bien. Interiorizaba en mis pensamientos las palabras e imágenes necesarias para desearte un buen traspaso de existencia. Te decía que ibas a conocer mundos y dimensiones increíbles para poder iniciar tu andadura de viajero.

Yo ya hace más de dos años me había preparado para tu despedida. Tú habías perdido poco a poco tus recuerdos, pero cada vez que iba a verte, y aunque no me conocías, yo estaba feliz por estar contigo y que sintieras mi contacto y mi voz. Los nueve meses que pasé cerca de ti me ayudaron a comprender la pérdida de tu memoria. Estaba cerca de ti, y era lo que importaba.

Siempre estaré agradecido a Belén y Mari por cómo te cuidaron en tus dos últimos años, fueron como unas hijas para ti, y Julia, tu mujer, siempre pendiente de ti, para mí fue como una segunda madre.

Esto no es un escrito de palabras elocuentes. De cierto tuviste tus fallos y errores. ¿Pero quién no los tiene? Yo nunca le puse demasiada importancia a eso. Fuiste un padre para mí, aún en la distancia, y en las épocas que pude visitarte.

Me enseñaste el valor del esfuerzo y de la constancia. A veces hubiera deseado que hubieras venido a verme, pero no pudiste, o no tuviste las condiciones. Era parte de tu personalidad y ser, y así al final me lo tomaba.

Ya viajaba yo lo suficiente por los dos.

En tu último amanecer yo no hacía más que tocarte la frente, acariciarte y hablarte. Te fuiste en compañía de tu familia, y ese hecho es para estar feliz. Nadie se merece morir solo. Y te fuiste, en paz, iniciando un viaje que ni me puedo imaginar.

Manuel Villa Fuentes, mi padre, con cariño y orgullo siempre te recordaré. Gracias por ser mi padre en esta existencia.

Tu hijo que te quiere.

Ven conmigo a la luna

Hace semanas que te veo triste,
medio apagada y arrastrando tu vida a duras penas.

¿Quieres sentarte conmigo ahora mismo en la luna?
¡Sí, lo digo en serio!

Coge mi mano, cierra tus ojos.

Mira, te he llevado a mi cumbre favorita en el Mar de la Tranquilidad.
No temas, no nos pasará nada. Alrededor de nosotros
he creado una capa invisible de protección.

Presta atención. No se escucha nada aquí arriba.
¿No es maravilloso este silencio?

¿Ves delante de ti?
Esa preciosa bola azul suspendida en medio de la nada.
La Tierra.
Nosotros nacimos allí.
A veces, cuando estoy en fase descendente,
cierro los ojos como antes,
cuando te cogí la mano,
y me traslado aquí.

Tú me importas, eres mi amiga,
y quise transmitirte este secreto
de cómo trasladar por un rato
tu consciencia a la luna.

Cuando miro la Tierra desde aquí,
me vacío de todos los pensamientos perjudiciales,
no dejo lugar para que las posibles semillas
de rencores y odios puedan arraigar
y prosperar.

Vacío mi mente y regreso a mis orígenes.
Y sí, funciona.
Por eso te he llevado hasta aquí.

Mañana inténtalo tú.

Las cartas que me tocaron al nacer

Si me remonto atrás en el tiempo,
todo lo que recuerdo es que siempre
me tocó tirar adelante con lo que tenía.
Fue una casualidad que naciera así,
digamos que las matemáticas no estuvieron muy a mi favor.
Pero estas fueron las cartas que me tocaron al nacer.

Una parálisis cerebral, así lo llamaban.
Y entonces empezó el juego.

Tuve unos padres maravillosos,
hicieron mucho por mejorar mis condiciones.
Operaciones allí, operaciones allá,
y una cicatriz que me quedó de por vida en el talón de Aquiles.

Pasé la niñez, la pubertad, jugando al fútbol con otros niños,
en ocasiones parando balones en forma de comentarios imbéciles
referentes a mi cojera.
Pero eso no me hacía más débil, ni me echaba en el rincón de la timidez.
Aprendí a contestar, a ignorar si hacía falta,
a seguir mi camino a una vida lo más plena posible.

Pero también debo decir que recibí mucho apoyo,
de amigos y personas que me llegaron a conocer tal cual era,
sin chorradas y a lo puro.

Llegaron las lluvias del despertar sexual,
con curiosidad exploraba,
y recuerdo los besos que me enseñaron a besar.

Del resto,
mi cuerpo y aura supieron responder.
Descubrí la poesía, el baile,
y todas las diferentes artes que me podía imaginar.
Confieso que me gustaba el arte de poder seducir.
Algunas veces con éxito y otras simplemente pasaba página
y aumentaba el saco de la experiencia.
Nunca me sentí identificado con aquellos
que utilizaban su condición física o sexual
para lanzar un discurso victimista tras otro.

Yo estaba muy alejado de ello,
en parte por orgullo y en parte por amor personal.
Me producían satisfacción los logros de mis esfuerzos y trabajos.

Ser uno más, conviviendo dentro de una sociedad con personas diversas,
con diferentes capacidades.
Pero no me sentía parte de ningún colectivo, de ningún *lobby*,
me gustaba mi individualidad,
me gustaba probar y experimentar.
Creo que por esa mezcla de autosuperación y descubrimiento
sentí tan mía y cercana la música conceptual de Mike Oldfield.

Cuando me encontraba con alguien que no sabía muy bien
si tratarme con guantes de seda o con corrección milimétrica,
pues decía que venía del Planeta Paralítico,
y que estaba aquí para estudiar a la especie humana.
Era para crear ambientes de cercanía y que la naturalidad floreciera.

Ese humor, y ese natural desparpajo
me ayudaron a desarrollarme como ser humano desacomplejado.

A pesar de la calidad calamitosa de los políticos que nos gobiernan,
siempre pensé que la humanidad
sigue teniendo un gran potencial espiritual y emocional
para crecer y mejorar.

Sigo creyendo en esa parte de la humanidad que no
entra en la histeria colectiva del enfrentamiento
provocada por la clase dirigente y los poderes ocultos.

Tengo la suerte de estar aquí,
de poder vivir esta evolución,
de poder aportar mis porciones de empatía y comprensión
para lograr entre muchos de mis contemporáneos,
que algún día las estrellas más cercanas
puedan estar a nuestro alcance.
Desde un ocho de junio de 2024 saludo a las futuras generaciones.

Tienes mi mano y yo tengo la tuya

Nadie pertenece a nadie.
Se está por elección, por querer, por crecer.
Incluso por tropezar juntos de vez en cuando,
para que el que se levanta primero,
pueda dar la mano al que aún está en el suelo.
Tú y yo sabemos que no queremos ser esclavos
de las tradiciones infiltradas en las mentes colectivas.
No es tan difícil entender que un corazón expandible
jamás se va a dejar encorsetar.
Convivimos, nos queremos,
pero nunca hemos tratado de sabotear los espacios personales
que cada uno necesita para crecer.
Ese respirar libre en ambientes favorables,
imprescindible para el crecimiento personal y creativo.
No aspiramos a ser unos supuestos seres superiores
que miran con aires de alteza a los demás.
Con nuestras mezclas de claridad y oscuridad,
pretendemos conocer nuestros límites y posibilidades
y dar a nuestro entorno una mejor
y consciente versión de nosotros mismos.

Sin rencor, sin odios, sin entrar en los flujos
de los conflictos deshumanizados.
Conocemos la importancia de conservar nuestra sonrisa primigenia.
El hábito del abrazo, las palabras afines, los territorios nuevos.
Llevar con dignidad la ausencia de las personas que deciden dejarnos
te acerca, con el tiempo, a ser un maestro del equilibrio emocional.

Sean cuales sean las circunstancias que tengamos,
nuestra libertad no es una utopía,
a pesar de las dificultades y los límites que nos rodean.

Nuestra libertad se gesta en nuestra mente
y se manifiesta en nuestra actitud.
Lo dicen incluso aquellos supervivientes
que vieron el mar y las gaviotas en los charcos de barro y agua
de los campos de reeducación.

Recuerdo las palabras de uno de esos supervivientes:
«podrán aplastar y apalizar nuestros cuerpos,
pero jamás hacerse con nuestra mente si nos mantenemos firmes».

Y te digo aquí y ahora:
Me gustaría aguantarte la mano hasta que te vayas a un sacro superior,
o que me aguantaras mi mano si me adelanto a tu partida.

Autoánimo

Sentirte vivo y desarrollarte como humano pensante y creativo,
sin tener que plagiar a nadie,
es el mejor regalo que te puedes hacer a ti mismo,
y a los que te aprecian y acompañan en esta vida.

Esta clase de alegría es algo inmaterial,
es un factor humano imprevisible,
que no surge, «ni de coña», de momentos programados.
Tira adelante con los recursos que tienes.
Si son pocos,
utilízalos convenientemente.
No te quepa duda que tu capacidad de improvisar los multiplicará
y aumentarán en valor.
Y como escritor, no tienes nada que demostrar.
El disfrute no se mide en resultados, sino en satisfacción.

Cambia para mejor,
y si los cambios que has hecho no dan resultado,
al menos te llevas la certeza de que esa vía no fue la adecuada
y puedes cambiar de rumbo siempre que quieras,
siempre que lo necesitas.
No te autocastigues por decisiones erróneas tomadas.
Dicen que el mar es frío,
pero allí se encuentra la sangre más caliente que existe,
la de las ballenas.
Tú no eres menos.

Ya quedó atrás el tiempo donde te sentías muerto,
como una transparencia en proceso de disminución,
cada vez que te veías en el espejo.

En vez de pensar que estás perdiendo personas
y relaciones continuamente,
míralo como si esto fueran entradas
y salidas ocasionadoras de chispas vitales importantes,
sin tener que caer constantemente en un hoyo que no te suelta.
Sí, son fases,
no despedidas ni permanencias planas.

El tramo de las tristezas provisionales

Si tuviera que describir esta tristeza que me está atravesando todo el día,
estoy seguro que no encontraría palabras en ninguna civilización imaginaria,
ni del pasado, presente, ni del futuro.

Sé que es provisional, pasadera, siempre me lo digo,
la tristeza me la soporto, sabiendo que en algún momento
se disipará como humo de una cerrilla recién apagada.

Tengo pareja, tengo amigos, y no sé si tengo un Dios,
o una fuerza energética que pueda explicar todo lo existente.
Aun así, estoy triste, apagado.

Este mundo tiene tantas historias bonitas para contar,
pero en contrapunto también me encuentro
con muchos odios desenfrenados que buscan enfrentar a la gente
por una ideología, por una creencia, por un escudo
que luce en alguna camiseta.

Y qué penoso y desastroso para la humanidad es,
cuando por esas discusiones venidas a más
se rompen familias, se matan hermanos,
y se da de comer a los instigadores
que se frotan las manos contando las víctimas de sus tramas.

El piano de un artista recién localizado en las redes me calma,
me transporta por ondas etéreas
que ayudan a acariciar un corazón venido a menos.

Es solo temporal esta tristeza, lo sé, insisto,
y lo dice alguien que fue parido con una maquinaria atómica
para superar sus condiciones físicas.

Mañana volveré a ver el sol,
mañana seguiré sin poner Telediarios
que nos proyectan hologramas con hilos de medias verdades,
mezclados con colores atractivos de mentiras repartidas.
Vosotros, queridos lectores y seres sensibles,
ya conocéis esta sensación.
Es algo que se va, pero mientras tanto hay que atravesarlo.

La tristeza,
parte de la condición humana.

Personalidad autosostenible

Se puede salir reforzado del matadero de los corazones rotos.
Y los que no: pues a vivir como desgraciados.
Elige.
Y si amas a alguien, haz que lo sepa,
pero no te quedes estancado.
Hay mucho por conocer.
Lo digo por mi naturaleza de jugador.
No me van las situaciones cerradas.
Necesito un margen de movimiento.
Y sí, a veces me acuerdo de ese café que no tuvo lugar.
Quería compartir tantas cosas...
Pero la vida sigue.
Que sepas que la felicidad es una dirección, no un lugar.
Ciertas cosas de la vida son de oro,
otras de simple barro, se diluyen con la lluvia del tiempo.
Y a vosotras, las mujeres, os puedo decir:
descubrid a hombres que os hagan reír.

No me temas por ser hombre,
únete mejor conmigo contra los violentos y violentas.
Sonrío al pensar que entre los miles de planetas de nuestro vecindario
justamente me tocó vivir en uno
donde hay un Mundial de Fútbol cada cuatro años.

¿Y qué hacer con esos silencios?
Pues a llevarlos con dignidad.
Aunque por dentro uno esté más quemado que el carbón.

Dicho a saco:

En la dureza la pureza,
en el triunfo la satisfacción,
y en la caída la recuperación.

Algo que decir

Cuando circulas por las calles entre multitudes de personas te das cuenta
que no estamos hechos para ser colectivizados
como en una granja humana.

No te dejes arrebatar la libertad individual de reflexionar
y tu capacidad de raciocinio y elección.

Muchas veces, precisamente aquellos
que se llenan la boca de tolerancia, son los más intolerantes.

Realmente es difícil creer en personas situadas en puestos de poder,
cuando su sueldo depende de que mientan.

Nunca me sentí feminista o machista.
Siempre me sentí más cómodo como humanista
al ver por encima de razas, géneros
y obstáculos creados por ingeniería social
para tener enfrentados al rebaño humano.
Siempre me opondré a que el Estado determine lo que debes pensar
y lo que NO debes decir.
Tanta idiotez borreguil no puede ser sana.

Por eso, cuídate de no ser un lacayo de políticos
que odian a todos los que no piensen como ellos.
La convivencia y tolerancia cívica es sanadora.

Los años me enseñaron que el objetivo de las disputas ideológicas
es aplastar y acallar el alma humana
y dinamitar la convivencia inteligente.

Nadie tiene derecho de obligarte a perforarte la piel
para inyectar una sustancia X,
atentando contra tu derecho de inviolabilidad
y poder tomar una decisión.

Cómo cansan esos eslóganes repetidos hasta el hartazgo.

En vez de un «Black Lives Matter», debería ser un «All Lives Matter».
TODAS LAS VIDAS IMPORTAN.
Desconfía de los que vociferan por libertad de expresión
y luego son intolerantes contra los que no comparten la suya.
Y sí, a menudo un cordial «Hola» y un «Adiós» indoloro
es lo más sincero que puedes ofrecer,
cuando no hay mucho más que decir.
No necesitamos un día del orgullo gay,
es mejor la disolución de las etiquetas
para crear un mundo liberado.

Es arriesgado decir «Sé lo que la gente piensa»
si no estamos en sus cabezas.
Personalmente no tengo nada contra las religiones o ideologías,
excepto cuando no te dejan salir, o te obligan a entrar.

Y si tememos decir lo que sentimos,
es como tenernos capados por la mitad.

La esperanza existe...
aunque solamente esté en el teclado que acarician tus dedos.

En el flujo del tiempo nunca moriré

Con un trozo de tu tiempo y un trozo de mi tiempo,
nace una pequeña emoción que hace más interesante el día.
Y más importante es, que cuando sabes que vas a morir,
es que todos los días que te quedan te parecen valiosos.
Quiero la inmortalidad. En el flujo del tiempo nunca moriré.
Luego, en diferentes situaciones de la vida, sabes que si te ofrecen amistad,
probablemente sea lo mejor que puedan ofrecerte en ese momento.

Eso da lugar para practicar la «Escucha Activa» con alguien,
y aunque no estés de acuerdo en algunas cosas que dice,
eso te hace mejor persona.
No entres en el embudo de la histeria colectiva.
Vive en calma con las certezas que te aporta tu experiencia.

Utiliza tu ingenio personal para no diluirte en los blancos o negros
de una sociedad monopensante impositiva.
Los grises también son bonitos.
Piensa un poco.
Cuando se diluyen los dogmas de las razas, géneros,
y demás estigmas artificialmente creados,
lo que queda es una bella persona por conocer.

La alegría es algo inmaterial, un factor humano imprevisible,
que no surge «ni de coña» de momentos programados.

Y si tu vida es un *fake*, y estás hasta al gorro,
intenta tirar de ingenio,
para que al menos sea un cuento digno de vivir.
Y con una sola caricia destruyes mil células de estrés.

¿Cuánto de todo lo que estamos viviendo
estará en el equipaje cuántico para nuestra próxima existencia?

Monólogos en la galaxia más zeta puñetera

Últimamente disfruto mucho con las probabilidades matemáticas.
Yo no espero, porque esperando, es como se pierde la gente.
Ya sé que el camino al infierno está lleno de buenas intenciones.
Por eso no hay que tener miedo de cambiar de rumbo
cuando se sabe que uno no va a volver.

¿Acaso nunca te has preguntado qué se siente estando
en una cárcel corporal limitada,
si tu mente está hecha para volar?
Tal vez se deba a que nunca se nos ha educado
para aceptar la muerte como parte de la rueda de la vida.
Eso sí, cuerdas de la culpa, nos han querido imponer muchas.

Después de muchos tropiezos, y algunos aciertos,
llegué a la conclusión de que intentar solucionar el problema del infinito
equivale a gastar parte de tu vida en un agujero negro.
Simplemente no puedes caer bien a todo el mundo.
Matemáticamente es imposible. Y, moralmente, no es conveniente.
A veces hablo bajito para engañar a la tartamudez.
Cuando en ocasiones sientes que tu vida es una mierda,
piensa en el kiwi, que recorre 20.000 km desde Nueva Zelanda
para erotizar tu vida y eso, te hace sentir algo mejor.
No pidas perdón solo para poder ser aceptado en un rebaño,
al que, sinceramente, sientes que no perteneces.
Ten claro una cosa, tener una vida difícil no es una sentencia definitiva.
Al final llegas a la conclusión de que todo lo que nos rodea
es una estructura mental.
¿Y si fuéramos como peces variopintos en la corriente universal
que nace en Andrómeda y desemboca en la Galaxia más Zeta Puñetera?
Mañana te lo diré.

Fluir tranquilamente como ser vivo entre personas

En vez de pensar que estamos perdiendo personas
y relaciones continuamente,
prefiero enfocar en que esto sean entradas
y salidas ocasionadoras de chispas vitales importantes,
sin tener que caer constantemente en un hoyo que no te suelta.
Sí, son fases. No son despedidas ni permanencias planas.
Si buscas pareja para suplir carencias, vas mal.

Ya se sabe que pretender enamorar con repeticiones cansinas afectivas,
desprovistas de autenticidad,
no es enamorar, es ahogar.

El intentar gustar a todo el mundo
es como intentar atrapar una rana con tus manos pringadas de lavavajillas.
Si no fuera por la capacidad de imaginar,
seríamos un encefalograma plano con pocas posibilidades
de saltarse la muerte lenta en vida.
Y sí, a veces tengo que dejar ir a personas,
con las que me gustaría estar.
Eso también es querer.
Y creedme, es jodidamente difícil.

La «no» rendición

Antes de empezar a leer mis letras, ten claro una cosa.
Si buscas la férrea defensa de las tradiciones en mis libros
me temo que te vas a morir de sed.

Me consta que la humanidad ha perdido mucho tiempo buscando
los llamados «Amores de nuestra vida» cuando en realidad
la mano amiga que nos acariciaba y consolaba el alma
estaba a la vuelta de la esquina.
Por eso me centro en cosas que puedo controlar.
Lo demás es una probabilidad a medio o largo plazo.

Es tremendamente improductivo hacer un drama
de las cosas que no pueden ser.
Todo lo que sabe a amor rancio
y atascado en procedimientos tradicionales,
acompañados por bucles repetitivos,
melosamente vomitivos,
me hace ir aún más decidido en la dirección contraria.

Libre y acompañado con mis cuatro pertenencias del alma
y la palabra vocalizada por personas secretas del corazón.
Quiero saltar para reventar el vacío en toda su extensión
y liberar la vida que en ocasiones puede quedar atrapada.
Todo esto es un simple borrador,
pegado a mi oreja con chicle imaginativo
para susurrar la «No» rendición.

La energía perpetua

Lo que importa es seguir adelante.
Todos con nuestras cruces,
todos con nuestro ángel de la guardia,
todos con la responsabilidad de su propia vida.

Hay dolor, hay alegría,
hay respiración.
Lo más importante es respirar, eso al menos oí en una emisora de radio
al rebasar el pilar del km 91 de una autopista cercana.

Y mientras sujetaba el volante con la energía vital que me caracterizaba,
tenía la sospecha de que cuanto menos buscamos más encontramos.
Piensa en esto:
No fuerces, seduce.
No mendigues, ofrece.
No des el tostón,
deja que llegue.
No odies,
deja curarte.

¿Y os imagináis cuántas vidas anteriores habéis vivido?
Desde tiempos de la gestación de los primeros indicios
de vida en la sopa primitiva,
pasando por las épocas de las cavernas,
hasta llegar al último pulso del universo en un futuro no imaginable.
¿Dónde hemos estado entre vida y vida?

Ante todo somos humanos intentando lograr
una consciencia planetaria positiva e integradora.

Siempre supe que la evolución de la raza humana pasa por convertirse en una especie interplanetaria.

Asumo que soy el creador de mi realidad.

Ayer, hoy y siempre.

Fusión mandarina

Parte I - Échame óleo para fluir contigo

Te di seis cerezas para que pudieras completar el nexo de amor y sexo.
Mis cuerdas enraizadas desabrochan tu blusa.
Deseo la mordedura y tu beso manzana.
Todo es tan visceral.
Espasmos en los muslos,
microorgasmos con lengua catapulta.
Desátame y clávame el deseo.

Parte II – ¿Quieres volar conmigo?

Te diré algo,
sueño con abrazarte por detrás.
Con tu voz en mi cabeza,
jamás pasaré hambre de cariño.
Te hago llegar
esta declaración de un corazón valiente.

Lo sabes, ¿verdad?
Lo que llaman un vuelco, es territorio amor.

Como astronauta y visionaria, que van en pro de la fusión,
te propongo un amor que conquista y libera,
con esa estrella que nos pertenece
y con la que hacemos girar nuestro universo.

Tu sol eclosionó cuando supo que te quería,
agarré tu lazo y volví a tener un nuevo rumbo.

Entonces mordí el regaliz y se me cayó una indecencia.
Lo que el amor quiere... lo quiere.

Con la cita
no tardaron en aparecer las caricias,
iniciando el descubrimiento del sexto continente.
Nos gusta el cuerpo puro y que arrima,
nos gusta la desnudez y que nos nieve encima.
Para eso está la cuerda con nudos de amistad, sexo,
amor y aventura infinita.

Parte III - La nada y el exterminio

¿Te conté alguna vez que mordí tres veces el polvo y ascendí
al Nirvana? Decían que era poeta.
Empecé a escribir historias y canciones tristes del hombre luna.

El mayor dolor fueron las palabras rotas que me clavaron las
sombrías decepciones.
Me sentí atropellado cuando mataron mi vida por quedar atrapado.
Sentí vacío al oír decir que Ava había muerto.
Llegó la ausencia.

Entraron los cuervos negros y se produjo el exterminio del sentir.
Desapareció la luna y de nuevo hablaron de morir.
Un golpe inició la transición de un clavo partido.
No hubo suficientes cementerios para todos los destrozados.
Hasta aquí he llegado.

Parte IV – Los olvidados

Eran las palabras que me faltaban
para contar estos episodios de barrio.
Los sin techo se dejaban los cartones
en las calles de Granada.

Convivían con la esquizofrenia,
y el mar succionaba las vivencias hacia sus adentros.
Estalló el pánico
al iniciarse las cuatro estaciones de la epilepsia.

Se decía que los olvidados eran los de edad avanzada.
La inanición y el desafecto intentaban doblegarles,
pero al final, los besos,
que sabían igual en ambos lados del muro,
les aplastaron.

Y, a ochenta y cinco kilómetros de las olas,
aparecieron estas crónicas del puerto.

Parte V – ¿Qué ocurre cuando sabes que tienes un trozo de inmortalidad dentro de ti?

Como nómada transcorporal en el túnel del tiempo
puedo abrir dimensiones y
declarar un mundo preparado para ser abrazado por las estrellas.
Desde Finisterre se dejó de lanzar el Non Plus Ultra
y se sustituyó por una emisión más afín al universo interestelar.

Llevo la cruz en mi Esparta interior,
ese trozo de madera con la inscripción de INRI,
que hallé en una de las 31 Lunas de Saturno.

Desde entonces supe que Dios no tiene la culpa
y que los «Padres Nuestros» están en muchos cielos.
Los ángeles humanos y sus alas heridas
deshicieron el ultimátum que se había dado a la Tierra.

Te serví mi espacio, tiempo continuo en tu café,
para que pudieras tener tu consumición absoluta.

Desaparecieron los reflejos de Navidad,
y Shanti, la diosa de las punzadas súbitas,
jamás volvió a dejarse ver.

Con este trozo de eternidad *in situ*
y las fuerzas del universo y del creer
ya no hubo más motivos para darle cuerda al reloj.

Parte VI – Mind-Flux

En los espejos se ven los desnudos sinceros,
esos que son escasos de hallar.

Hay versos del olvido que te hacen preguntar:
¿Qué? ¿Acaso soy? ¿Qué soy?

Con el cielo gris y en estado neutro,
el fuego de la existencia en tus ojos
te ayuda a vivir y liberar tu alma cosida.

Entonces se inicia una cadena de reacciones,
al caerte los recuerdos.
Flotas, recogido en una cáscara de nuez,
no sientes nada,
ni amor, ni sexo, ni odio,
nada te nubla en tu fase de desprendimiento.

El viento te eleva a las alturas
y te esparce por las cuatro direcciones cardinales.

Si tienes esto, y sabes esto, lo tienes todo.
Lo que antes fueron tus ojos negros,
ahora es un beso nube.

Tu paz y amor se multiplica al cuadrado
y la perplejidad es un puro estado de un tiempo pasado.

Parte VII – Con un trago de té frío, se ve todo más claro

Es una cuestión de principios.
Despierta el genio que hay en ti
y no esperes nada.
Suma todas tus matemáticas comunes
y las atas a los elementos, para tirar de ellas cuando no hay.

¿Y a quién le importan los moralistas?
Estampas tu carácter y triunfas en la vida,
haces apuntes firmes con puño y decisión
y los pintas en el muro con tu talento de improvisación.

Anímate a decir «No»,
camina y di: «Sí» a la vida.
Entrega al completo, entrega absoluta.

Mañana tienes la seguridad
de que puedes pelar tus emociones en mandarinas.
Así saben las vidas encontradas.

Parte VIII – Poesía, un baluarte de las libertades civiles

El tiempo que esté con vosotros,
os contaré la vida secreta de los árboles.
No hay palabras sin valor, si proceden de actos y cosas de libertad.

¿A dónde van las palabras de una vida después de muerto?
Se clavan para siempre a una estrella más allá de la muerte.

¡Hola!
Leo tus poemas.
Escribes poesía.
Sí.
Aquella que va más allá de la indiferencia.

Aunque te caigas
recuerda que solos nacemos,
y solos morimos.
Te quieren con eso y por eso.
A trapo descubierto, jamás estés de luto.

La libertad se desgarra
cuando una mente perversa y convulsa la revienta.

Aunque el ritual del cuervo negro te lo diga,
no te subas a los vagones.
En las cadencias de enero se prevé una hecatombe emocional.

Y digo yo:
¿Y si existe esa oportunidad para que el gusano te explique
cómo se expande el amor?

Conclusión:
¿Te enseño Poesía?

No es fácil, no lo es

Responder con el «bien» cuando te vienen con el «mal»
requiere mucha predisposición mental y reflexión,
que se mejora mediante su uso a lo largo del tiempo.

No es fácil,
ya que muchas veces el instinto humano
es responder a una agresión verbal con otra.

El tiempo te enseña a emplear mejor tus emociones,
a reflexionar en las consecuencias,
en las diferentes vías paralelas que pueden ocasionar tus reacciones.

Eso sí, si tú quieres, si tú valoras,
puedes practicar, puedes anticiparte
y ayudar con tu actitud
a inclinar la historia de la convivencia terrestre
a un lado más llevadero.

Si viene el amor, genial, y si no tú «tranqui»

Para todos aquellos que han tenido nefastas experiencias en el amor
y están con la actitud de no permitir nunca más
que el amor entre en sus vidas.

Esta es mi siguiente reflexión:

Está bien tener una actitud reflexiva y tranquila en la vida.
Vivir el día a día sin necesidad de agobios
ni expectativas concretas.

Pero no dejes que las malas experiencias determinen tu vida
y te cierren la puerta para ser feliz.

Siempre hay sucesos imprevistos
que pueden contener un gran tesoro.

Tanto el amor como la felicidad no están exentos de peligros.
Vaya coñazo si todo fuera como una seda,
¡ya te digo, amigo o amiga!

No hay amor ni triunfo puro sin riesgo.
Si la palmas,
pues échalo al saco de las experiencias.

Pero por tu orgullo y coraje no te dejes condicionar.

Tú decides, tú triunfas, tú pruebas, tú sigues...
porque te da la gana y porque la vida
se vive las veces que estás dispuesto/a a afrontarla.

Esta es al menos la experiencia que os puedo contar.

Haiku pasajero

Creo que en ciertos momentos
le damos demasiada importancia a determinadas personas.

O bien las encumbramos,
para casi idolatrarlas,
o bien las denigramos a ser la última mierda de este planeta.

Al final qué más da. Todo pasa.
Nada es demasiado, ni tan poco.
Seguiremos utilizando papel higiénico
hasta nuestra despedida a alguna parte.

Y miro por la ventana y empieza a llover.

Disidencia

El que quiera escribir poesía
para la galería de los domingos eclesiásticos
o para sobar a los comités puristas de lo políticamente correcto,
que acuda a la plaza de los murmullos públicos,
donde acostumbran a clavar con estacas de palabras afiladas
a los disidentes que se atrevieron a manifestarse desnudos y vivos.

Fragilidad

Es sumamente frágil
que se produzcan esas circunstancias,
que hagan que el amor se cosa firmemente a tus huesos
y a los míos.

Solo con que falle una de esas variables,
el hilo se rompe,
y tú y yo,
seríamos de nuevo desconocidos,
que se alejan en sentidos opuestos.

Gracias por la vida que aún queda

Algunos amamos de una forma que dejamos vivir.
Quizás el mundo aún no esté preparado para esta clase de expansión.

Gracias a que existen los caballeros de la Utopía,
los escritores de Ciencia Ficción,
y los que ven otras realidades paralelas.

Todo lo dado es valioso.
¿Qué más decir?
Gracias por la vida que aún queda, aquí y allá.

Hacer de un minuto una pequeña eternidad

A veces,
llegas a conocer a alguien que no has visto en tu puñetera vida,
pero percibes un enlace especial e invisible,
que hace
que llegues a entenderte y expandirte con esa persona,
sin el uso de muchas palabras.

Eso es mejor que ligar,
es como hacer de un minuto
una pequeña eternidad en tus emociones.

¡Antes de disparar, escúchame!

¡Señor soldado!
Antes de dispararme, mírame por favor a los ojos.
Afronta mi mirada repleta de orgullo de haber vivido.
No me tapes la vista,
no quiero últimas palabras.

Sé que por tu bala voy a morir,
sé que tus órdenes son obedecer y callar,
ejecutar y no pensar.

Tú eres el brazo extendido de los que me condenaron a desaparecer.
Seguramente si tú no disparas, tu familia también desaparecerá.
Y así se extiende la espiral del miedo.

Los de arriba lo saben muy bien.
Por algo se disfrazan como servidores del proletariado,
y acusan de enemigos del pueblo a los que no siguen sus postulados.

Pero se equivocaron al pensar que la voz hablada
y los pensamientos escritos se pueden callar.

Te miro a ti, soldado, con el rifle que apunta.

Recuerda mis palabras,
quizás algún día estés en mi lugar.

Quizás algún día digas «No» a los que dan órdenes
desde la cúpula del odio.

Un recordatorio para los vivos

Dime,
desde cuándo no respiras.
Desde cuándo no te emocionan las vibraciones
de esos ambientes y sonidos,
que antes te hacían levitar por el suelo.

Desde cuándo te sientes muerto,
y como una transparencia en proceso de disminución,
cada vez que te ves en el espejo.

Me cago en la leche olvidada de las ruinas de Numancia.
¿Dónde está esa persona con la que quería recorrer Europa en tren?

Te pido,
por lo mucho que te quiero,
no alces la bandera de la resignación perpetua.
Sé que muchas veces estás hasta la punta del pito.

La palabra pasotismo está
inscrita con miradas de hartazgo,
en ese chicle que ves pegado cada día,
en la barandilla de la colmena colectiva donde vives.

Te recojo esta noche.
Vuelve a enseñarme locuras.

Descarta, céntrate y elige

El rendimiento no viene solo.
Creí en una idea.
La estudié, la analicé,
hice un «testeo»,
para exponerla al flujo de los acontecimientos reales.

En un paseo por un parque de la periferia
golpeé con mis zapatos una piedra.
De allí surgió una idea.

Esa piedrecilla entró justo por el ángulo
de un banco frecuentado por jubilados y enamorados.
Fue allí, cuando la rueda de las matemáticas echó a rodar.

Y recordé ese espíritu de centrocampista de cuando tenía doce años,
corriendo por aquel césped al lado de la estación de cercanías.

Las matemáticas están allí. ¿No las veis?

No es un cuento de esos típicos «persigue tus sueños
y vas a ser feliz»
que lo único que hacen es tomarnos por imbéciles
en un mantra sin alma ni coraje.

Esas vanidades expuestas a la fortuna
absolutamente no te van a dar ningún control sobre tu vida.

Usa las probabilidades, piensa en tus habilidades,
córtate un trozo de tiempo para probar tus teorías.

Y, por si no lo sabías,
al fracaso no le llames fracaso,
porque para hallar un camino adecuado para ti,
debes saber antes,
cuál de ellos no te conviene recorrerlo en absoluto,
aun habiéndote estampado contra él.

Descarta, céntrate y elige.
Selecciona el tiempo,
escoge el momento de entrada y salida,
y haz lo que se te da muy bien. Esto también se acerca a la
felicidad.

Y sí, antes de que existiera,
tú ya te lo imaginabas.

En un día como hoy miro a los cielos

Arranco las uñas de los minutos sobrantes y estériles del día.
¡Miren, miren!
Sí, allá en lo alto,
debajo de las estelas de los aviones
que fumigan con mentiras los cielos que respiramos.

Aún hay nubes que se resisten
a dejar de ser nubes de vapor y de verdad,
allí arriba,
aún hay seres que vuelan con pico y pluma,
a la usanza de una gaviota con mucha hambre de saber.

Y pisamos fuerte con los pies en la tierra,
cuando se derrumben bajo nuestras vidas
puentes de experiencias y relaciones vividas.

Es hoy, sí, es hoy.

Hoy, es todo lo que puedes abarcar con tus manos vacías,
y apreciar lo que está a tu izquierda y derecha.

Es un hoy,
en que metiste la cabeza cinco veces bajo la ducha fría,
para resistir con honradez un día más.

Hoy también es un día,
que con nuevas gafas alivio mi vista cansada,
y traspaso la página 160 de un libro «contra el olvido»,
y me acerco al final de una historia,
que comenzó tiempo atrás en los cielos de un Bilbao despejado.

Es un hoy.

Quieto

Quieto. Sin moverte.
Quieto. Sin pensar.
Quieto. La rueda del ventilador gira
y te evapora el veneno de la toxicidad acumulada.

Quieto. Al lado de la estrella Sirio,
y a un palmo de la constelación de Canis Mayor.
Quieto. ¿Cuándo fue la última vez que verbalicé el amor?

Quieto. Las calles se diluyen en ráfagas de neón
a 120 pulsaciones por minuto en el carril derecho.
Quieto. A veces me arrepentí de haber dicho algo,
y ver que estaba en el momento equivocado.

Quieto. La fruta es tan blanda,
más cuando la sacas fresca del frigorífico
y la muerdes en un día de agosto.
Quieto. Probablemente hace semanas o meses
que no sabes nada de mí.

Quieto. Ser un tambor que se mete en una caja de percusión,
para bailar un rap melancólico con la soledad.
Quieto. ¿A dónde me lleva la línea 33? La ciudad de arriba y abajo.
Quieto. Desatado.

Quieto. Sin ti, un menos. Sin mí, un nada.
Quieto. El cero absoluto emocional.

No perder el norte

Durante estos tiempos de conflictos públicos
aprovecho para ser cada día mejor persona,
para no entrar en una espiral de odio y enfrentamiento
en la que nos quieren inducir.

Intento ser una persona que destaca las cosas bellas de la vida,
y darle la espalda a los que quieren
que la humanidad no ejerza jamás
el concepto de unidad, solidaridad y amor.

El orgasmo de las pequeñas cosas

Sí, he dicho orgasmo.
Hablo de esos pequeños placeres, en forma de convulsiones,
que se originan desde dentro,
y buscan una salida a través de las manos, la mirada,
y hasta en sonidos indescifrables,
que ni siquiera el sultán de Brunei sería capaz
de desvelar con todo el oro que tiene.

Hablo de esa materia especial,
que no solo produce la sexual frotación
que salpica nuestros días y semanas.

Los plátanos, las almejas y las macedonias variadas,
solo son la punta de los deseos que podríamos compartir con alguien,
que no tema soltar las cuerdas del columpio enroscado.

En el trastero de mi mente hay una cuerda
de la que tira tu curiosidad.
¿Qué tienes tú que me pueda hacer morder tu anzuelo?

Mi vida metida en dos bolsas

Me acordé de sacar unas fotos,
metidas en dos bolsas de una conocida marca alemana de supermercados.

Eran bolsas con agujeros y desgastadas,
convertidas en capsulas del tiempo.

Toda una vida metida en plástico,
toda una vida que pasaba por mis manos,
al acordarme de aquellas fotos guardadas
en el trasfondo de los años recorridos.

En el fondo resuena una melodía minimalista de Tangerine Dream,
con la intención de doparme lo suficiente,
para que mis emociones sigan
en elipse planetaria alrededor de mis recuerdos.

Salen *flashes* de amores caducos y visiones de plantas muertas,
convertidas en abono para volver a sentir lo que una vez fue.

Luego recuerdo esa proyección de un coche estrellado,
justo a cien metros debajo de un puente.
Allí estaba la huella invisible de un ángel desconocido
que me asistió para salir vivo.

Sigo mirando.
Aquella visita de mi madre a la Costa Dorada en Tarragona,
y su estancia de seis semanas en mi pequeña casita de planta baja,
con un jardín para agradecidos.

En Chequía andaba maravillado,
bastante enamorado,
pero también asombrado por deambular por calles
repletas de historias del centro europeo.

Hasta di la mano a un hombre con ojos profundos,
que tenía marcado en su brazo el número de interno
de un campo de concentración,
cuyo nombre ahora no me acuerdo.

Cambio la melodía, y estoy en los 90,
en las playas de Galicia,
y las escapadas a Bermeo y Zarautz.

A un amigo le conseguí sacar una instantánea
con una piedra suspendida en el aire.
Él lo recordará. Qué buenos momentos.

Y, si os digo la verdad,
no estaba para escribir hoy, ni mañana,
pero me hizo pensar en lo alucinante que es,
tener toda una vida metida en dos bolsas.

Solo eso.

Tú y yo y ese planeta a 4,5 años luz[1]

Por Dios puedo decir que no era cobarde. Aunque a veces en el pasado, pude sentir ese frío que te recorre la espalda, cuando vas sin rumbo por la noche en una ciudad en la que acabas de caer.

Ya pasaron más de ocho años en las que nos encontramos en aquella cafetería desaparecida de un gran centro comercial. Puede que lloviera aquel día, ya no lo recuerdo, pero sí recuerdo tus ojos de mujer «alegría» que plantaba cara a una vida dura en ocasiones, y me encantaba cómo a pesar de las dificultades no te rendías.

Sucedieron días, semanas, el tiempo resbalaba a gusto en las vías del tren que nos llevaba por esta vida.

Tú me hacías sentir «familia». Tú me hacías sentir un «agujero negro espacial» que dejaba de tragar, y empezaba a asumir que se encontraba en una línea del tiempo en la que tú existías.

Sí, existías, y yo también. Y aquí estamos. Lo suficientemente comprometidos para mandar al cajón negro a todo lo que pretende corromper nuestro equilibrio, fe y el brillo de luz que emitimos.

Hoy vi en algún documental, que a 4,5 años luz descubrieron un planeta parecido a la Tierra, sí, allí, en la estrella más cercana a nuestro sol.

Puede que vengamos de allí, o puede que nos vayamos allí, después del crepúsculo.

Lo que sí puedo decirte es que te quiero, y mi mano siempre está allí para apoyarte.

Es bueno decirlo a veces, ¿verdad?

Más, sabiendo que la vida es tan fugaz en el inicio y final de los latidos de nuestros corazones.

Compañera, amante, amiga: en este Holograma Terrestre seguimos. Mañana te veo, y siento emoción por estar juntos.

---

1. Inspirado en la música de David Helpling - *The Bliss You've Always Carried.*

Esa persona que jamás quisieras perder

Ser amante y ser amigo
está reservado para los apreciadores de las circunstancias especiales.
Siempre está, siempre deja,
comprende y atiende.

En la discreción y en las sombras,
es como una luz que ilumina por dentro.
Hasta sabe estar cuando no está.

Es esa persona que jamás quisieras perder
y cuyo nombre esta tatuado en la elevación de tu pecho derecho.

Es esa persona que hace tiempo entró en tu vida,
y supo acompañarte, y no juzgarte.
En tres letras puedes pronunciar su nombre,
vivirlo aquí en el presente,
y recordarlo cuando ya inicie su viaje.

Sonda cuatro, qué lejos estás de mí

Hace una hora aún te veía del tamaño de una pelota de tenis,
a través de mi casco de astronauta errante.
Ahora solo escucho tu señal intermitente de guion alto
y guion bajo cada noventa segundos.
Aquella estúpida maniobra me cortó el hilo umbilical que me tenía sujeto
a tus maternas provisiones de oxígeno y alimento.
Me estoy alejando de ti,
flotando hacia donde Dios sabe dónde.
Me queda una hora como mucho,
una hora para que tus emisiones con intervalo de noventa segundos,
me hagan entrar en trance y me hagan recordar las voces
que dejé atrás en la Tierra.
Si cierro mis ojos, veo un bosque espeso,
por el cual entran algunos rayos del sol para iluminar
las puntas de mis dedos,
esas puntas que han sabido dar amor y cariño,
pero también limpiarse el sudor que producía alcanzar un objetivo.
Uno a uno hago memoria,
cada noventa segundos.
Pienso en personas diferentes,
en un acto útil para aprovechar el tiempo que me queda.
Son personas que han dejado huella en mis huesos,
esos huesos que seguramente algún día encontrarán
dentro de este traje espacial.
Sonda Cuatro, ojalá fueras capaz de recibir todas las emisiones
de mis pensamientos,
y transmitirlas a los dispositivos móviles de todos aquellos que son
protagonistas de mi memorias.
Me queda esa chispa de calor, que produce la satisfacción
de haber hecho hasta el último momento cosas por las cuales me desvivía.

Te abrazo, vida valiosa, por todo lo que me has dado,
lo bueno y lo malo,
así es una vida al completo.
Sonda Cuatro,
te estampo mi sonrisa de paz proyectada desde lejos,
para decirte adiós.
Fuiste el último nexo que tuve con esta realidad.
Que sea la fuerza rotatoria del centro del universo
que me catapulte a un nuevo destino fuera de este traje espacial.

Abrazando un árbol dentro de la nada

Muchas veces hablé de la nada,
como si la conociera de toda la vida.
Y sí, a ratos la tengo pegada en mi respirar,
a ratos la nada me hace sentir inerte y tranquilo,
como si estuviera en el reino de la calma, en el centro de un huracán,
y viendo cómo todo alrededor se cae en las garras de un mundo caótico.
Y sí, la nada, debo decir,
es una forma de explicar,
que hay personas que no sienten el amor
como se está proyectando en este mundo de espejos y cerillas quemadas.

Y si somos carentes de sentimientos,
tal vez pensad,
que estos sentimientos no se pueden visibilizar en esta dimensión,
igual que las ondas de radio pasan inadvertidas
para las puntillas de las hojas de los tréboles.
Escucho murmullos de los que sienten pena e incomprensión
por nuestra inaptitud para sentir como ellos.
Pero no tengo ganas, ni tiempo, ni guantes de tacto adecuado
para explicarles, porque soy a menudo invisible,
pero no triste.

Por eso, muchas veces, la nada ha sido tan adherente a mí,
como una fruta adecuada para introducirme dentro de ella
y agarrar un árbol entre mis brazos,
para dormir plácidamente
y hacer que brote todavía más la fuerza dentro de mi voluntad.

Esta es la fuerza del silencio,
son mis pasos metroatómicos que no me dejan en la estacada.

El hacha del nacimiento me ha partido así,
pero no ha podido romper la línea sensible
que me tiene conectado con varias dimensiones.
Mis dos pies están firmes y de misión
por esta Tierra de noventa paralelos.

Tu perra que te ve con esos ojos de quererte mucho

Te quiero. Y me cuesta decir estas palabras a menudo,
pero te quiero, por todo el empeño que pones de tu parte
para que esto salga bien.
Te quiero, a pesar de que aparente, a menudo, ser insensible y alejado
de los cumplidos ceremoniales de las personas que dicen quererse,
pero tú ya sabes, que así lo percibo.
Proyectar cariños y rituales que no me son cercanos
sería una burla a mi persona,
y también a la tuya.

Te quiero, por el gran corazón que tienes
y veo, que muchas veces,
esta es tu forma de protestar contra las injusticias
que acontecen en esta ruleta mundial.

Yo soy muy visual,
tú eres más de adentro,
y te admiro por esa capacidad.

Y no me puedo mentir a mí mismo,
si me niego a comprar rosas y libros un 23 de Abril,
y me apetece más regalarte un chicle alargado, de esos de lámina,
para darte diez minutos de frescor de boca.

Y algunas veces, ya te dije,
que si fuera Lorca,
taparía con una sábana a los que recitan ciertas palabras en mi nombre,
esas que nunca he querido decir, ni he sentido.

Y fue el otro día,
que tú también alzaste tu voz como mujer,
para apoyar mi alegato de que la agresión no tiene género,
y está presente en todos los estratos de la condición humana.

Este es un abrazo que te doy,
mientras tu perra querida de todos estos años,
te mira con esos ojitos de quererte mucho.

Desnaturalización por decreto

Sí, ya comprendo.
Queréis penalizar las sonrisas cuando demuestras a alguien tu simpatía.
Sí, ya comprendo.
Queréis construir una sociedad de géneros indefinidos,
en la que no crezcan hierbas de naturalidad espontánea.

Sí, ya me doy cuenta cómo queréis ponernos
el lazo de la corrección milimétrica.

¿Sabéis acaso que no se puede domar
a toda manifestación de espíritu humano que emiten nuestros corazones?

Sí, ya he visto vuestros guantes de látex y aura de nuevos dioses morales.

Qué asco le tenéis al útil sentido común
y a los resbaladizos pensadores libres, a los que sois incapaces de sujetar
con vuestras manos pringadas de esterilizantes.

El viento es indomable, al igual que el agua constante de 24 horas al día,
que hace reventar las mejores impermeabilidades.

Yo entiendo de amistad y cariño,
vosotros de paridades impuestas y «lobbies» preferenciales,
a los que no les gusta ser eclipsados por otros sectores,
inducidos a estar ocultos en la sombra mediática.

Sois tan hábiles en hacer creer que solo hay dos vías, la una o la otra,
y os manifestáis intolerantes ante los que proponen terceras,
cuartas o décimas vías. Promovéis la dictadura de la dualidad impuesta.

No solo son algunos poetas, a los que intentáis desacreditar
con mentiras dichas mil veces, y convertidas en verdades
ya difíciles de derrumbar.

Sí, comprendo, que vuestros mesiánicos planes
os los podéis meter por debajo de las uñas,
donde se acumula toda vuestra inmundicia ideológica.

La tierra de la felicidad interna bruta

Dicen, que los que creemos en una conciencia planetaria,
somos unos ilusos soñadores de lo imposible.
Que hoy lo que se lleva,
es apoyar los dogmas de cada país y región,
que pelean por ser los más chulos del planeta,

Dicen, que somos unos frikis entrañables,
y que les gusta vernos en nuestras rarezas,
como si se tratara de ir a un Zoológico de especies curiosas.

Dicen, que los pies no los tenemos precisamente en la Tierra,
cuando decimos que dar energía gratuita a todos es posible,
pero que por algo enmudecieron a Tesla
y trataron de tapar al sol con sus petrodólares.

Dicen, que dónde están nuestras raíces, cuando renunciamos
a nacionalidades y regiones históricas y a las futuras,
y les argumentamos que tenemos amigos en Nairobi
y que mi novia es de Sarajevo,
y que en todas partes recibimos abrazos,
de los que ven a la Tierra como una perla azul preciosa
en la inmensidad del espacio oscuro,
antes de sentirse súbditos de un emblema de un pasaporte cualquiera.

Dicen, que un nuevo orden mundial sería catastrófico para todos
y acabaría con nuestras singularidades,
y nosotros no nos hartamos de explicar
que otra unión mundial sería posible,
que se base en el conocimiento y la exploración
y crea en las singularidades del ser humano,

y no precisamente en la materia oscura del miedo
que nos quieren inyectar a la fuerza,
para meternos el opio de la disgregación
para evitar que nos unamos.

Dicen, que por qué no apoyamos la riqueza
y creación de industrias,
y contestamos que todo progreso sería bueno si es sostenible
y si se pudieran beneficiar todos, en vez de solo una minoría.

Decimos, qué bonito es vivir en este planeta
y que todavía no está todo perdido,
que la Tierra aún nos brinda oportunidades
para conocer la felicidad interna bruta.

Haz el viaje de tu vida

Cuando naces, creces en una familia con valores ya predeterminados. Al principio te esfuerzas por encontrar la aprobación de tus padres. Son los años de la infancia, luego la adolescencia y pubertad, y empiezas a adquirir consciencia de que estás en un mundo en el que puedes empezar a tener tus propios valores. Las experiencias te marcan, los fracasos mucho más.

Cambiar la programación predeterminada de tu mente requiere mucha reflexión, entrenamiento y absorción de conocimiento por tu parte. Valoras, o pretendes entender lo que está bien o lo que está mal.

Nunca entendiste por qué tus padres eran tan duros contigo. Parecía que tus logros eran como invisibles para ellos. Casi siempre te regañaban por tus faltas, tus imperfecciones. Y gritabas como mudo al cielo preguntándote si acaso no veían lo bueno que había en ti.

Al salir de la cueva de tus padres empiezas a conocer gente. Algunas mejor, otras simplemente degradantes y controladas por un ego multiplicado por mil.

Llegan tus primeras relaciones, parejas vienen, parejas van.

Y no acabas de encontrar esa persona que te sabe escuchar por dentro. Miras a la noche estrellada, y te preguntas si quizás en la constelación de Sagitario hallarás a ese ser predestinado para ti. Quizás. Así se queda tu pensamiento entristecido por una soledad en medio de un mar de personas.

A tu vida llega un cuatro patas, tu corazón te da un nombre para él: ODÍN. Ese perro te da tanto, es fiel y compañero incondicional. Siente si estás triste, siente tu euforia, te ama siempre. Y das gracias a los poderes de las «multidimensiones» porque haya llegado a tu vida.

En la distancia tienes un amigo, nunca lo has visto, pero has leído sus palabras, sus poesías, sus gritos de rebelión en un sistema carcomido por la hipocresía multidireccional. Es como si encontraras alguien que sabes que está cerca de ti y sabe entenderte en muchas cosas, y en las que no, al menos escucha. Es en palabras mayúsculas un AMIGO que te acompaña más allá de esta vida.

Por circunstancias, vives en un lugar que no es el tuyo. Echas de menos los bosques, los ríos, y sí, en el fondo recuerdas aquel tren que descarriló, que te posibilitó viajar por un tiempo indeterminado a un lugar lejano a la Tierra, donde el tiempo no importaba, y donde tú te sentías en paz.

Sí, como tú mismo sueles decir, «estoy creciendo». Ya lo creo que sí. Yo, autor de estos versos, de este riachuelo de emociones y palabras, yo te emito todo mi sentimiento y apoyo para que no tires la toalla. Eres un «ser bello», y sé que algún día te daré ese abrazo, y te sonreiré, como suelo hacer con las personas.

Mira, estás muy cerca. El viaje de tu vida no empezó en aquel letrero que vistes encima de los raíles. Tú puedes establecer un camino. Creo que ahora empiezas a entender que a veces hay que decir que «NO». Es mejor que un «SI» falso en contra de nuestra voluntad y sentir. Los «síes» y «noes» naturales tienen mucho más mérito, y si son personas conscientes lo van a agradecer mucho más. Recuerda, es el viaje de tu vida. Las constelaciones de los cielos se te abren, los portales ya no son mitos, y los rencores ya no son un equipaje útil que debes llevar contigo. Con carga ligera se viaja mejor, ya tienes todo lo necesario en tu presencia.

Te espero, en la parada donde te aguarda un abrazo y una emoción.

Tu espalda

Tu espalda me da refugio,
cuando por la noche enlazo mis brazos bajo los tuyos,
y siento posar mi mano en tus senos.
Es la paz de la noche cuando te escucho respirar
bajo el paraguas de mis pensamientos.

Cuando duermo contigo siento
que tu vida yace desprotegida ante mi cuerpo,
pero al mismo tiempo tú confías,
y sabes que estoy allí para protegerte, para rescatarte
si caes en algún agujero negro en tu viaje onírico.

Yo también me siento protegido a tu lado, tras tu espalda,
tras tu existencia que has decidido compartir conmigo.

No necesito palabras complicadas para decirte
que me siento en paz y feliz al dormir contigo.
Es tu espalda, tu respirar, tu olor, las conversaciones
que recuerdo que tuvimos durante el día.
Cada noche suelto un pensamiento detrás de tu espalda,
alrededor de tu aura,
un pensamiento de amor y querer
seguir caminando a tu lado cuando llegue la mañana.

La pareja programada en el Holograma Tierra.
La eternidad no me da miedo.
Estamos preparados para afrontar los viajes que hagan falta.

Te veo esta noche.

Carta a un amigo

Hola, Amigo.

Quería decirte que ayer realmente lo pasamos muy bien con vosotros. Lástima que no había ninguna máquina recreativa para chutar penaltis, porque entonces quizás te hubiera ganado, ja ja ja...

Al contarnos tú y tu esposa un poco sobre vuestra vida y circunstancias, pues me di cuenta que tenemos algunas experiencias parecidas.

Tú tuviste que irte de casa para buscarte la vida, y también para seguir tu instinto a poder crecer y ser feliz. Yo también tuve que irme pronto de casa, porque en caso contrario no hubiera tenido ningún futuro, y me hubiera quedado dependiente de mi padre, y eso no es lo que quería.

Siempre pensé que era mejor comer un trozo de pan en libertad y en paz, que tener grandes comidas en un ambiente familiar difícil y gélido.

Tu mujer también me comentó la dificultad de relación que tiene con sus hermanos, y me sentí muy identificado con sus palabras, porque vi a mis hermanos alejándose de mí, y terminé aceptando su decisión.

Pero lo bueno de todo es que noto que ni tú tienes rencor u odio a tus padres, ni tu esposa hacia sus hermanos. Y eso es lo mejor, porque de esta forma no tienes que llevar una carga pesada e inútil en la vida, que solo te aporta tristeza y dolor. Simplemente respetas las decisiones y sigues con esperanza tu vida.

Brindo contigo por la vida que nos queda, amigo mío.

Mensaje de amor y agradecimiento a mi madre

Anteayer te fuiste, Mamá.

Anteayer me llegó la noticia de tu partida a través de una llamada de la cercana, y a la vez tan distante, Alemania.

Aunque en mi interior yo ya estaba concienciado de que algún día iba a llegar esta noticia, aun así, cuando llega, siempre te pilla de sorpresa.

Mamá, mi tristeza no es porque continúes tu camino existencial a través de los tiempos y los universos. No, es solo que me hubiera gustado estar allí, contigo, y apretarte esa mano tuya, que me dio tanto amor y cariño. Me hubiera gustado decirte que todo va ir bien, que la muerte no es un miedo, que solo es una puerta más a franquear.

Aun así, en la distancia, y los momentos que pude estar contigo, siempre fuiste y serás parte de mi existencia. De ti viene el corazón y la sensibilidad, que fui y soy capaz de transmitir a mis queridos seres contemporáneos que se han cruzado en mi camino.

De ti siento que es la fuerza y el empuje que me lleva a sentir que el amor puede vencer cualquier barbaridad y oscuridad que acontece en este mundo.

Diste la vida a tres hijos maravillosos, de los cuales cada uno decidió emprender libremente el camino de su vida. Decirte desde aquí, al sitio donde ahora te encuentras, que no siento ningún rencor ni odio a mis hermanos. Los quiero también, y aunque no los veo ni percibo sus voces, sí les deseo de corazón la mayor felicidad que les pueda dar esta existencia.

Mamá, tú, desde que te conozco, desde que me abriste las puertas para respirar en este mundo, tú has amado siempre la libertad. Aunque tu vida no fue fácil, y muy dura en ciertos momentos, yo nunca escuché de ti palabras de odio y de reproche hacia nadie. Eres la mejor Madre que pude tener, y si me ves y sientes ahora, lo puedes percibir. Yo te querré siempre. Un querer que no necesita colgarse medallas visibles hacia el exterior. Por dentro es lo mucho que te quiero, y querré siempre.

Fuiste amiga del viento y del aire. Lo necesitabas para respirar y para vivir, y te importaba un bledo si no podían entender tus necesidades. Tú decidiste en muchas fases de tu vida vivir así, tu libre decisión. A pesar del divorcio y la separación de Papá, yo después no te escuché que sintieras odio hacia él. Él, años más tarde, me confesó que se equivocó en su decisión de dejarte y que fue el mayor error de su vida.

Mamá, yo te hablo como puedo, como sé, movido por el corazón y por muchas sensaciones que ahora me invaden. Creo que ahora, donde estás, podrás volar, podrás ver mucho más allá, de lo que ojos humanos mortales jamás podrán ver. En tu nueva existencia, estoy seguro que vas a dar mucho amor y hacer muchas amistades con todos los seres que habitan allí.

¿Ves, Mamá, cómo la muerte no es el final? Yo por eso ahora no sufro tanto, porque me entra la certeza de saber que estás bien, que te convertirás en una exploradora.

Aquí abajo, en la Tierra, continuaremos con la vida que se nos ha dado. Te prometo que no la voy a desperdiciar. Tú eres un gran ejemplo para mí de cómo el amor y la amistad te pueden dar tanta fuerza y llevarte muy lejos.

Mamá, esto no es una carta de despedida, tú sabes que no. Es mi mensaje emocional para ti, para que te acompañe durante todos los tiempos de tu existencia.

Y sí, existo gracias a ti y Papá. Existo porque he tenido y tengo unos padres maravillosos, que han sabido transmitirme los valores suficientes para no sucumbir ante las facilidades que da el mal camino.

Cuando sea mi turno, seguramente nos volveremos a ver, y me tendrás que enseñar cómo caminar de nuevo en un entorno existencial. Y ¿sabes?, a veces he sentido que fuiste algo parecido a un ángel enviado a la Tierra. No conseguía explicarme muy bien de dónde sacaste toda esa energía bondadosa que transmitías.

Decirte también que no estoy solo, que tengo a mi lado a la mejor compañera que me ha podido dar la vida, y que tengo a unos amigos y amigas a los que quiero mucho, y que hacen que pueda amar tanto y de diversas formas.

Te prometo, Mamá, que cuando te recuerde y escuche tu nombre, alzaré con orgullo mi cabeza hacia el cielo y diré bien alto: «Esta es mi Madre y Te quiero».

Álvaro Villa André

En memoria de mi Madre, Ángela André Lorenzo,
fallecida el 5 de enero de 2021 en Alemania.

Zen de madrugada

Presiento y creo que la calidad y la forma
en cómo nos comportamos en esta vida,
será tenido en cuenta como un combustible necesario,
para seguir nuestro camino postexistencial
tras esta realidad en la que nos encontramos.
El espíritu nunca muere.

Reflexiones Zen a lo «Psi» de Madrugada.

Entrada en la fisura espacio-tiempo para ir al centro de todo

Si pudiera disolver mis células orgánicas,
para convertirlas en una especie de nave espacial
compuesta por nanobots, que fueran dirigidos
por mi consciencia viva y humana,
atravesaría las nubes para pasar cerca de la luna
e iniciar un viaje espacial.

No puedo explicarlo mejor, siento algo especial,
no soy cuerpo, soy laca metálica
que resiste al frío cercano a los -270 grados.

Es temporal, es circunstancial, es puro placer.
Inicio los inyectores y rompo delante de mí la fisura de espacio
y tiempo, para entrar en modo hiperespacio, para solventar
distancias imposibles de escribir en una sola hoja de papel.

Destino: Centro de la Vía Láctea.
El mayor cúmulo de estrellas
por cada mil millones de parsecs al cuadrado.
Y pensar que en el tercer planeta de una estrella llamada sol,
se están matando por un cúmulo de granos de arena,
o por lenguas, que solo deberían servir para comunicarse,
y no para declararse superior.
La mecánica del sonido interestelar
es como una melodía de un aventurero espacial,
que salta de exoplaneta en exoplaneta.
Es como un trance que te lleva incansable, de estrella en estrella.

Aquí, en el centro de todo, veo las espirales,
veo las luces llegadas de civilizaciones extintas.
Aquí, en el corazón de todos los corazones
que alguna vez han existido,
puedo envolverme con las corrientes del pasado,
para ver qué es lo que hubiera ocurrido si...
Puedo presentir, qué pasaría si hoy voy a la derecha,
en vez de a la izquierda.

Ahora entiendo a los Plutonianos,
que abandonaron la periferia de la espiral,
para adentrarse en el centro del todo.

Sí, al lugar donde ahora me imagino.

No te des por muerto si todavía eres capaz de emitir emociones

Me gustan las ráfagas de frío de diciembre
que siento en las piernas y pies,
cuando conecto con el suelo de mi habitación,
esa que recibe sobre todo por la tarde, luz desde el oeste,
cuando el sol inicia su declive,
y desaparece bajo el horizonte de antenas parabólicas,
y estructuras y construcciones no definidas.

Quizás estas fechas de Navidad tienen ese algo,
que te hace lanzar una retrospectiva a lo que fue el año,
a lo que es tu vida últimamente.

Y eso hace que en ocasiones, como hoy,
el poeta congelado logra entrar un poco en calor,
y hablar de esos sentimientos
que llevan acumulados el polvo y la sequedad,
con una tremenda necesidad de expresarse,
que no ha sido aireada durante meses
¿o serán años?

Recibes mensajes de móvil,
y te despiertan el recuerdo de ese don especial
que tiene, tenía, o dejó de tener esa persona
que te envió el mensaje.

Y eso, a la vez, te hace esforzarte un poco,
para enviar señales de vida
a personas que crecieron contigo un tiempo,
en las ramas del árbol de tu vida.

Vida, sí, esperanza mucho más.
Luego está esa música que escucho
de un canal ambiental de YouTube,
cuyo nombre no me acuerdo,
y me provoca esa estocada definitiva,
para expresarme un 25 de diciembre.
Aún siento el cariño de muchas personas,
y perdonadme mi parca expresión
de palabras durante el resto del año.
Quizás por eso, admiro la capacidad de cierta Rosa
que crece cerca de mí,
por estar en contacto todo el año
con lo que ella llama «familia elegida».
Antes escribía mucho, pero que mucho.
Ya algunos lo sabéis.
Pero en los últimos años, he sentido otras necesidades,
como la de investigar historias de entidades
que hacen rodar un balón por el campo de juego
y de las emociones.

También las probabilidades y las estadísticas
me dan un cierto encanto
en mi día a día.

Y a los que me leíais,
en el fondo acaricio una, dos, o tres veces vuestras mejillas,
y mi mano se convierte en transmisor
que emite mi corazón,
y tal vez llegue un poco de calidez a los vuestros.

Igual que dicen que nunca se olvida el ir en bicicleta,
probablemente uno tampoco pierde la capacidad de escribir,

y un expoeta pueda salir de los matorrales
y entregaros un poco de amor, un poco de interés,
y un poco de esperanza,
de que nada está muerto,
mientras sigue latiendo algún sentido.

Esa chispa que sientes desde que naciste

Los trozos de cristal derretidos sobre el asfalto de la ceniza
son los restos que dejan atrás tus esfuerzos por no rendirte.
La muerte ya está superada en vida.
Los ecos de tus proezas te transmiten la energía milenaria
y te preparan para el siguiente salto.
La abundancia enraíza en tu levantar y deja una historia al acostarte.

Ya no le das tanta importancia a quién tiene razón,
o a quién está equivocado.
Vocalizas continuidad.
Con tus ojos negros atrapas toda la luz que necesitas para vivir.

Con las llaves del coche rascas y marcas tu símbolo
sobre la mesa de madera de un restaurante.
Al pagar entregas un poco de ti, sonrisa incluida.
Cuando llegas a tu hogar desarrollas en tus recuerdos
el tapiz de todo lo sucedido.
Lo de hoy.
Soy el que viste de tonos lisos
con licencia para dejar al alcance de vuestros clics
pedazos de atrevimientos de «otros mundos son posibles».

Es matemático, hay sueños que se cumplen

Aunque un sueño importante se te escape
o se convierta en inalcanzable,
no pierdas energía toda la vida
lamentándote por su pérdida.

Hay más sueños.
Esto es una parte del secreto.
Y aunque solo fuera por probabilidades matemáticas,
algún sueño se hará realidad,
a menudo son sueños inesperados.

Sí, esto es una parte de ti,
es un parte de la energía que puedes percibir al leer esta reflexión.

Campeón, campeona.
Esto es una caricia del universo que respira,
es una parte de tu potencial,
a pesar de lo que te digan las voces necrófilas
para proyectarte un mundo derrotista.

El poeta de la mochila

Soy muy pequeño.
Tanto,
que cuando me tiro la manta por encima para desconectar,
escucho a los átomos colisionar.

Realmente siempre he sido un nómada
con capacidad de meter mis cuatro pertenencias en la mochila
para ir a donde mi corazón ha creído pertinente llevarme.
¿Para qué quiero gloria?
Quiero compartir y llenar los días que me quedan
con pinceladas de genio desenfrenado.

Alerta constante.
No nos engañemos.
Esto es la guerra entre la luz y la oscuridad.

Emisión al barrio estelar

Siento la rotación terrestre y que algo está cambiando,
siento llegar, con cinco minutos de antelación,
la llegada de la bandada de pájaros asustados,
siento el derrumbe gradual de las columnas tribales,
siento que aún hay rompedores de voluntades e inclinaciones.

Diez segundos de introspección,
con los ojos cerrados.
Al abrirlos, veo una nueva declaración universal,
implantada en los trillones de trillones de taquiones
que nuestra existencia transmite a todo el barrio estelar.
Tal vez, solo entonces, podríamos ascender a mayores propósitos.

Respirar y expandirse

El mundo va encaminado en muchos adelantos
a lo que se proyectó en su día en el «Universo Star Trek».
Toca dejar atrás las muchas lacras que todavía nos impiden avanzar.

Julio Verne era un visionario,
no dejó de lanzar sondas esperanzadoras para que podamos
explorar definiciones y aplicaciones que aún no conocemos.

Adentrarse en círculos que respiran y se expanden.
En vuestras pupilas se reflejan espirales de acumulaciones de estrellas
que rotan.
Sin pedir, sin exigir,
respirar tu respirar.
La corriente eres tú,
el día lo cierras tú.

Un poco de humanidad, por favor

Me gusta conducir.
Es la forma que tienen mis piernas de correr.
Es la sensación que tengo de volar, salpicado por luces de neón.

Los *flashes* tienen algún significado,
y sus ráfagas de luces transforman mis ideas desparramadas,
en algo preciso y efectivo.

Se me enciende una pregunta: ¿Por qué tuve que nacer así?

Y la respuesta es casi instantánea:
Para dar por saco a muchos complejos,
y abrir el baúl de los poderes ocultos.

Luego pienso, mientras tomo la redonda,
que el odio no es cosa de izquierdas o derechas,
ni de arriba ni de abajo.

Es, más bien, la ausencia de humanidad,
y el brote del fanatismo, que crea el deseo de destruir
y aniquilar al contrario.

Le doy un poco más al acelerador,
y me deslizo suavemente por la avenida de los árboles del río.
Pienso en la sexualidad, uno de los pilares
que sostiene nuestra permanencia.
Vivirla y expresarla con dignidad.
Edificarla, como si estuviéramos montando
un castillo de piezas de Lego.

Especifico: Me gusta conducir de noche.

Recuerdo a muchas personas. Más *flashes*.
Comprendo que la entrada, la continuidad y la salida de personas,
son como los puntos de la «i» que rellenan el libro del ciclo de la vida.
Entiendo que es más eficiente ser ola flexible,
que un muro de expectativas rotas.

A veces tengo que dejar ir a personas,
con las que me gustaría estar.
Eso también es querer.
Y creedme, es jodidamente difícil.
Me queda por confesar, que también
he hecho unas cuantas putadas.
Ya te digo.
Si pudiera hacer retroceder las leyes del tiempo,
quizás la historia se volvería inconstante, con peligro de derrumbe.

A lo hecho, pecho.

Así es, como hace días, que mi compañera y la luna
me están hablando de humanidad.
Lo recuerdo, para no perderla, y continuar siendo humano,
a pelo limpio.

Una vida en un abrir y cerrar de ojos

Suave.
Así fue el tacto que recuerdo
cuando te escribí aquella palabra invisible
en la palma de tu mano, aquella tarde,
hace nueve años y muchos picos.
Fresca.
Así sentí tu sonrisa cuando saqué magia
de una improvisación de las mías
y te regalé esa rosa que le compré a un vendedor ambulante que,
casualmente, pasaba por allí.
Curiosa.
Así sentí tus ojos y tu boca, que me lanzaban
propuestas difíciles de rechazar,
con el fin de querer saber más sobre mi vida.
Horroroso.
Así me confesaste, mucho tiempo después,
que mi jersey te pareció todo menos elegante,
con esas pelotillas en el tejido que llevaba.
Y yo, que me veía tan bohemio con él.
Sorprendente.
Así debiste sentirte cuando empecé
a contarte mis historias de trotamundos
y de versos libres, voladores.
Y nos volvimos a ver.
Y, tras aquella primera tarde —lluviosa, por cierto—,
sucedieron muchas más.
Un hilo se enredó con el otro,
y nuestros tejidos empezaron a enlazarse
en las primeras historias en común.
Tempus fugit.

Ya no estamos en el mismo punto que antes. Tú lo sabes, yo lo sé.
Lo curioso es que hemos madurado bien juntos.
Encontramos un hueco donde guardar nuestros tesoros
y un modo de enlazar nuestras manos y brazos con los del otro.
Sin temor.
Ya puede explotar una bomba atómica frente a nosotros:
juntos, y con manos enlazadas
lo afrontaremos,
para escribir juntos un nuevo libro,
en otra historia,
en otro mundo,
en otro abrir y cerrar de ojos.

Bucha - Ucrania

Había sido enviado por la Federación Galáctica para determinar si la humanidad estaba preparada para dar el salto más importante: integrarse en la comunidad de civilizaciones avanzadas de la Vía Láctea.

Siempre había defendido que la humanidad era capaz de realizar los gestos más sorprendentes de apoyo y coraje en tiempos de extrema dificultad. En las décadas pasadas, noté en los seres humanos un incremento en su capacidad para generar conciencia planetaria y liberarse de los dogmas transmitidos por generaciones, los cuales han causado divisiones entre la población.

Sin embargo, lo que presencié en marzo de 2022 en Bucha, Ucrania, me devolvió de golpe a la cruda realidad de la especie dominante que habita este planeta.

Al entrar en Bucha, el cartel que indicaba el nombre del lugar estaba medio caído, y el viento lo hacía crujir con un sonido digno de una película de terror.

No tuve que caminar mucho. A la vuelta de una esquina, vi a un ciclista tirado en el suelo. Junto a él, su fiel perro guardaba luto, esperando quizá que su dueño volviera a la vida.

Una anciana se acercó llorando, buscando un abrazo de consuelo. Había perdido a su hija y sus nietos. Me dijo que, desde los tiempos del «Holodomor» —la hambruna provocada por Stalin y su régimen, que causó millones de muertes al pueblo ucraniano—, no había vivido una crueldad tan aplastante contra la dignidad humana como la de aquel marzo de 2022.

La anciana me llevó a un coche azul lleno de impactos de bala. Dentro, yacían, según ella, los cuerpos sin vida de sus vecinos Boris y Olga, de unos setenta años. Me preguntaba qué peligro podrían haber representado ellos para las fuerzas ocupantes.

Avancé unos cien metros más y me encontré, junto a una pared, diez cuerpos de civiles maniatados, alineados en el suelo, como si hubieran sido ejecutados por un pelotón de fusilamiento.

¿No se suponía que los ucranianos eran, para las fuerzas ocupantes rusas, algo así como primos hermanos? ¿Y los múltiples vínculos familiares que se habían tejido entre ambas naciones a lo largo de los años?

A lo largo de mi experiencia como observador, había constatado que las peores masacres ocurren en conflictos fratricidas, donde hermanos y allegados llegan a un punto de odio y destrucción tal que las palabras humanidad y misericordia pierden todo significado.

Después de aquel día, mi fe y esperanza en que esta humanidad pudiera deshacerse, en un tiempo razonablemente cercano de las lacras y prejuicios que la acechan sufrió un duro revés.

Pero mientras haya luz, no dejaré de creer. No dejaré de pensar que algún día será posible.

Mente voladora y orejas de carnaval

¿Cómo sería sumergirme en un lago de lava
y deshacerme de este cuerpo desgastado,
para renacer como la fuerza del viento que habita en las nubes?

Y no soy de los que devoran películas de terror,
para ver cómo en hora y media
descuartizan inocentes
sin que al cabrón del psicópata le pase nada.

Prefiero una historia a la inversa,
donde sale un héroe cotidiano de la calle y se carga sin contemplaciones
a cualquier ser oscuro que venga a este mundo
para practicar y disfrutar
haciendo el auténtico mal sin piedad.

Le pregunto a un pacifista de moda empedernido,
que se pasa todo el santo día publicando frases «chachi guays»
de que se acabe la guerra,
independientemente de quién fue el agresor.
Me pregunto qué haría en la situación
de que unos desalmados atacasen a su familia o vecinos
para matarlos,
y él tuviera un arma para poder evitarlo.

Por desgracia, hay situaciones en las
que no sirve ofrecer la otra mejilla
cuando la existencia de los tuyos está en peligro.

Me pregunto cuántas idioteces que se dicen en la televisión
se depositan en cerebros predispuestos,
para derretirles poco a poco
cualquier síntoma de análisis y pensamiento reflexivo.
Y siguen emitiendo corrosivos para socavar el intelecto racional.

No me extraña que, a veces, me voy en pensamientos hacia Venus,
para imaginar cómo sería estar expuesto durante unos segundos
a cien atmósferas de presión.
No hace mucho supe la respuesta
de por qué los aviones comerciales no llevan paracaídas gigantes
para evitar los accidentes aéreos.
Buscadlo y lo sabréis.
Me encanta buscar respuestas.

Y para concluir este ir y venir de pensamientos.
Hace meses supe cómo se llamaban esos dulces crujientes
con canela que hacía mi Madre cuando era un adolescente
a quien le crecía el pelo por doquier.

Orejas de Carnaval. Así se llamaban.
Cierro los ojos,
lo imagino,
huelo muy profundo,
esa canela.
Y cuando le doy un mordisco,
hace «crack».
¡Delicioso!
Tan frágiles y tan ricas.

Conversaciones con el señor miedo

Hola, señor miedo.
Si hago memoria de todos estos años,
la verdad debo decir que tú y yo apenas hemos tenido relación,
ni mucho menos conversaciones trascendentes.

Hoy me acerco a ti,
en un afán de analizar todo lo que tú representas,
el miedo en todas sus formas variadas.

Naturalmente hay cosas que me dan miedo.
Cada noche me acuesto teniendo
una espada de Damocles sobre mi cuerpo,
sobre mis neuronas.
La epilepsia no se ha ido, y puede volver.

Pero he aprendido a vivir con ella,
a no dejarme condicionar por ello
mi vida restante.

Señor miedo, mi carácter y forma de ser son de tirar para adelante,
de resolver las complicaciones
que se me presentan con el transcurrir del tiempo.

Nací con esa psique de fortaleza y resistencia,
qué le vamos a hacer,
pero nunca he tenido tiempo, ni necesidad,
de aceptar los traumas mentales que ofreces sutilmente
para estar siempre pendiente de ti.

Y esto, de alguna forma,
tendrá que ver con que ya hace tiempo acepté la muerte
con toda la naturalidad como parte de mi vida.

Puede llegar tarde, o temprano,
pero algún día llegará.

Tendrás mucho éxito con otros seres vivientes,
a quienes obligas a llevar tu peso constantemente
para hacer de sus vidas un calvario.

Te miro a los ojos, señor miedo, y no puedo darte más protagonismo.
No me sale de mis santos huevos convertirme
en un servidor de tus paranoias.
Tú ya sabes cómo soy,
bajo qué condiciones nací,
y el puzle que he montado a lo largo de los años.

Y precisamente de eso hablo a la gente en algunas de mis intervenciones
y ponencias.
Y precisamente de eso escribo en mis poemas,
del poder para lograr agarrar la vida con las manos.
Y precisamente por algo tengo esas visiones y certezas
que me aportan fuerza y claridad
para no sucumbir a la parálisis del miedo.
Esta vida es como un recorrido de aventuras hasta el próximo salto.

Se puede tener miedo a tantas cosas...
La soledad, el abandono, la tortura, la locura,
la pérdida de tu propia esencia.
Sí, no niego que el miedo existe.
Pero no tengo ni ganas ni tiempo de machacarme la mente con ello.

La vida me espera. No le temo a vivir.
Alguna vez te lo dije, y lo repito.
El miedo frena la vida.

¿Crees en serio que voy a cargar con ese peso muerto?
¿Te ha quedado claro?

Pues anda, señor miedo,
allí está la puerta.

Tengo que seguir.

Esos detalles para hacerte sentir parte de mi vida

Hay días en los que entro en inmersión en mis memorias guardadas,
y echo un vistazo al cielo, donde están suspendidas algunas nubes artificiales,
y percibo la rapidez con la que a veces pasa el flujo del tiempo.
Estoy en la antesala de publicar mi cuarto libro,
de dejar algunos trocitos de «historias de migas»
para las generaciones posteriores.

Te miro a ti, Rosa,
y se me hace evidente de lo valioso del tiempo que nos queda.
Te observo cuando no me observas,
y sale de mis adentros demostrarte con gestos diminutos, a veces,
y otras ocasiones con hechos más contundentes,
la importancia que tienes en mi vida.

Es como cuando conduzco el coche,
y dejo mi mano derecha sobre tu muslo de la pierna izquierda,
para hacerte sentir presente,
para transmitirte con mi mano hecha pensamiento,
que me siento en paz y feliz de estar en este trayecto contigo.

Es como cuando por las noches,
te proporciono ese orgasmo gustativo,
que es rascarte la espalda de arriba abajo,
y ver cómo haces una coreografía de gata que está experimentando
la mejor ola sensitiva de su vida.

Es como cuando por la noche,
recién acostada,
entro en la habitación y te cojo los pies,
para hacerte esos movimientos y masajes,

que te llevan a perder el peso innecesario
que has acumulado durante el día.

Y podría nombrar a la inversa,
muchos detalles que tienes tú conmigo.

Es un dar mutuo, sin presión, sin obligación,
sin obligaciones falsarias como acostumbran algunos,
para mantener relaciones artificiales ya quebradas
en el tuétano del hueso.

Y te digo todo esto,
para decirte la importancia que tienes en mi vida.

No necesito de mucho para sonreír

No llevo zapatillas cuando voy por mi casa,
necesito sentir los pies en el suelo,
deslizarme sobre él cuando estoy eufórico,
o simplemente tirarme al lado de sofá
y ponerme a mi perra querida
sobre mi pecho para sentirla respirar,
y verla con esos ojos negros de amor perforador.

Necesito ser yo a menudo,
y dejar colgado en alguna parte
el traje invisible que llevo cuando salgo a la calle.

Puedo decirlo,
ahora que estoy desnudo para sincerarme delante de la pantalla.
A veces estoy cansado de intentar revivir
y echar fuego de buenas intenciones
a las amistades que se están apagando lentamente.
Y es la pura verdad,
siento desgaste, siento vacío, siento distanciamiento
al escuchar siempre las mismas dinámicas de explicaciones
moralmente correctas,
y anímicamente estériles.
Cierro los ojos y me dejo ir,
para ir a correr junto con los lobos siberianos
que vienen para recordarme
que aún me queda mucha esencia de querer vivir,
y comerme la vida a gusto.
Me conocen por mi constante energía,
por mi sonrisa a mal tiempo,
por ser un buen amigo simplemente.

Pero a ratos también me siento débil,
como descargado y desanimado.
Son microratos en el reloj biológico.

Y sí, a veces me sumerjo como anónimo
entre masas de gente que no me conocen.
Escucho, observo,
y me dejo sorprender por algún «hola» inesperado.

Mi cara no necesita mucho para sonreír.
No necesito mucho para volver a recuperar.
Solo un poco de tiempo.
Nada más.
Y en quinientos años me seguirán leyendo.

Índice

Este libro se terminó de editar en Granada
en junio de 2025 por

Aliarediciones

www.aliarediciones.es
info@aliarediciones.es